本书得到教育部人文社会科学研究青年基金项目——知识产权调查引致的贸易壁垒：形成机理、效应及预警机制研究（13YJCZH026）资助

知识产权调查引致的贸易壁垒

形成机理、效应及预警机制研究

代中强 / 著

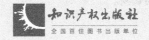

知识产权出版社

全国百佳图书出版单位

图书在版编目（CIP）数据

知识产权调查引致的贸易壁垒：形成机理、效应及预警机制研究 / 代中强著 . —北京：知识产权出版社，2018.8

ISBN 978-7-5130-5754-7

Ⅰ . ①知… Ⅱ . ①代… Ⅲ . ①知识产权保护 – 关系 – 国际贸易 – 贸易壁垒 – 研究 Ⅳ . ①D913.404②F742

中国版本图书馆 CIP 数据核字 (2018) 第 190158 号

内容提要

本书从经济学、法学和国际政治学等多维视角出发，在对美国发起知识产权调查的历史数据进行详细分析的基础上，研究影响知识产权启动及案例判决的主要因素，系统分析知识产权调查产生的贸易限制效应，并在此基础上提出我国跨越知识产权壁垒的预警及应对机制。具体来说，要达到以下四个目标：其一，利用美国国际贸易委员会的知识产权调查案件资料，采用面板 Tobit 回归模型实证研究影响知识产权调查频数的关键因素，以判断美国发起知识产权调查的真实动机；其二，根据已经结案的样本资料，利用实证模型考察影响案件判决的关键因素；其三，以反事实模拟分析为工具，详细探讨知识产权调查产生的贸易抑制效用；其四，提出我国跨越知识产权调查的预警及应对机制。

责任编辑：李小娟　　　　　　　责任印制：孙婷婷

知识产权调查引致的贸易壁垒：形成机理、效应及预警机制研究

ZHISHICHANQUAN DIAOCHA YINZHI DE MAOYI BILEI: XINGCHENG JILI XIAOYING JI YUJING JIZHI YANJIU

代中强　著

出版发行：	知识产权出版社 有限责任公司	网　址：	http://www.ipph.cn
电　话：	010 – 82004826		http://www.laichushu.com
社　址：	北京市海淀区气象路50号院	邮　编：	100081
责编电话：	010 – 82000860 转 8531	责编邮箱：	lixiaojuan@cnipr.com
发行电话：	010 – 82000860 转 8101	发行传真：	010 – 82000893
印　刷：	北京中献拓方科技发展有限公司	经　销：	各大网上书店、新华书店及相关专业书店
开　本：	720mm×1000mm　1/16	印　张：	9.75
版　次：	2018年8月第1版	印　次：	2018年8月第1次印刷
字　数：	138千字	定　价：	69.00元

ISBN 978-7-5130-5754-7

前　言

经过四十年的改革开放，中国已经成为世界第二大经济体，并跃升为全球最大的货物贸易出口国。出于对中国经济发展和出口竞争力的担心，美国越来越多地利用其知识产权优势压制中国产品出口。一个典型的事实是：自中国加入世界贸易组织以来，连续多年位列美国知识产权调查榜首，中国已经成为美国知识产权调查的最大目标。我们难免会产生这样的疑问：难道近年来我国知识产权保护水平不断在降低？实际上，按照世界经济论坛（WEF）发布的数据，我国知识产权保护评分已从2007年的3.42分提高到2017年的4.5分，这表明这些年来我国实际上是在不断强化知识产权保护。另外，余乐芬（2011）发现，在所有知识产权调查已经结案的案件中，有约75%的处理结果是和解、没有发现侵权、原告撤诉和同意令，仅有25%的案件发现侵权成立。因此，这部分诉讼企业打官司是假，而通过启动知识产权调查达到贸易遏制效应以及被诉方被动和解的"敲竹杠"效应是其启动知识产权调查的真正目的。这种知识产权调查的异化和滥用就是实实在在的贸易壁垒，即借知识产权保护之名，行贸易保护之实，这是一种新型的非关税壁垒。

本书主要采用多学科交叉研究相结合、宏观分析和微观视角相结合、理论研究与案例分析相结合的方法展开研究工作。本书以贸易政策的政治经济学视角出发，将美国发起的知识产权调查内生化，研究影响知识产权调查频数和案件判决的主要因素，多角度系统分析知识产权调查产生的效应，并在总结成功应诉企业经验的基础上，建立规避知识产权调查的预警及应对机制。

（1）利用美国国际贸易委员会（USITC）不公平进口调查信息系统的数据，分析知识产权调查的统计特征。本书从案件总量、涉案来源地、调查类型、涉案产业、判决结果五个方面对知识产权调查做一个全面考察。重点探讨美国发起的知识产权调查主要集中在哪些行业,调查的主要来源地如何,判决结果在不同的对象之间是否存在显著差异。

(2)从公平贸易动机和保护贸易动机出发,实证考察美国发起知识产权调查的真实动因。本书在考虑美国发起知识产权调查案件数据特点的基础上,使用面板托宾回归模型来研究美国发起知识产权调查背后的动机。具体而言,引入美国贸易赤字、贸易伙伴在美国专利申请量、美国"特殊301报告"、贸易伙伴的知识产权保护水平、是否与美国有自由贸易协定、美国对贸易伙伴的出口依赖程度等因素,综合判断认为美国发起知识产权调查完全是出于保护贸易的动机。

(3)本书利用美国2000~2015年同48个贸易伙伴的数据量化知识产权调查产生的贸易抑制效应。通过在经典的贸易引力模型中加入美国知识产权调查因素,使用反事实模拟方法,从基于调查总量的"贸易缺口"和基于原告胜诉的"贸易缺口"两方面定量分析美国发起知识产权调查对贸易伙伴向美出口的影响程度。通过反事实模拟分析得到,美国发起知识产权调查使其主要贸易伙伴对美出口额平均下降0.84到3.37个百分点,原告胜诉使贸易伙伴对美出口平均下降1.06到4.19个百分点。反事实模拟研究证实中国遭遇的贸易抑制效应最大。

(4)利用面板数据实证研究影响知识产权调查的判决因素。本书利用2005~2015年42个遭遇知识产权调查的国家和地区的面板数据,从美国国内政治因素、美国国内经济状况、美国来自贸易伙伴的贸易压力、贸易伙伴知识产权保护水平等宏观角度分析侵权率的影响机理,通过实证检验识别出影响知识产权案件判决的关键影响因素。研究发现,贸易伙伴在美国专利申请量、汇率及美国民主党是否执政对知识产权调查侵权率产生显著的影响。

(5)从宏观因素和微观案例两方面细致考察我国企业遭遇知识产权调查的全貌。在分析我国企业遭遇知识产权调查的现状和特点基础上,从四个方面分析我国企业频遭知识产权调查的原因,并从内外两方面讨论我国企业应诉失败的原因。同时，以厦门金达威公司和华为公司为例，总结他们的成功应诉经验，为我国相关企业应对美国知识产权调查时提供参考和借鉴。

（6）从宏观、中观和微观层面提出规避知识产权调查的预警及应对机制。一旦启动知识产权调查，不管最后裁定结果如何，对于被诉企业的出口都将产生极大影响。本书提出的预警及应对机制，对早期防范知识产权调查，切实有效降低企业出口遭遇知识产权调查风险具有重要参考意义。

本书的创新之处在于：第一，在研究视角上，从宏观、中观和微观层面三个维度对知识产权调查引致的贸易壁垒展开分析。在分析影响知识产权调查频度及判决的影响因素时，从宏观和中观维度展开，而在分析知识产权调查的效应时，则是从宏观和微观层面展开分析，这样的多维视角可以让我们更深入了解知识产权调查。第二，在研究内容上，本书着力解决现有知识产权调查研究文献缺乏系统性，定性分析多，定量分析少的问题，系统探讨知识产权调查的形成机理、影响效应及应对机制。主要有：究竟知识产权调查的形成机理——触发知识产权调查启动的因素是什么？各种知识产权调查判决结果是否受不同因素的影响？一旦企业遭遇知识产权调查将会通过什么渠道产生哪些方面的影响？影响有多大？如何建立预警机制有效规避知识产权调查？一旦遭遇知识产权调查后，企业如何应对？第三，在研究方法上，本书根据数据的特点，采用多种实证研究方法保证分析的可靠性。在研究知识产权调查形成的机理时，采用面板托宾回归模型；在研究判定侵权率的影响因素时，采用静态面板固定效应模型；在研究知识产权调查的贸易限制效应时，采用反事实方法估计。

本书通过对知识产权调查引致的贸易壁垒进行较为系统的研究，对于建立完善我国规避知识产调查的预警机制具有参考作用，同时对于提升我国政府、行业和企业应对知识产权调查能力也具有重要意义。

目 录 CONTENTS

第一章　导　　论

第一节　选题背景与研究意义

20世纪70年代以来，面对日益增长的贸易逆差，美国的贸易政策越来越倾向于推行所谓的公平贸易。美国政府认为，之所以出现这么大的贸易逆差，不是美国的贸易竞争力出现显著下降，而是因为美国产品在国际贸易中遭受了一些不公平待遇。基于此，美国不遗余力地推动相关贸易规则来保障和推动其知识产权密集型产品的贸易。这主要从两方面展开：其一，通过推动全球加强知识产权保护以保护美国知识产权密集型产品的出口贸易，防止其产品在国外被侵权。标志性的事件是在关贸总协定乌拉圭回合谈判中，美国极力推动将知识产权保护与国际贸易联系起来，在国际上建立一套高标准、严要求的知识产权国际保护体系，并最终达成《与贸易有关的知识产权协定》（*Agreement on Trade-Related Aspects of Intellectual Property Rights，TRIPS*），该协议是世界贸易组织（Word Trade Organization，WTO）的支柱性协议之一。其二，通过美国国际贸易委员会（United States International Trade Commission，USITC）发起知识产权调查强化本国知识产权保护，防止其国内市场遭受进口品的不公平贸易，确保相关产业的知识产权不受国外商品侵害。美国发起的知识产权调查是国际贸易委员会根据美国《1930年关税法》（*Tariff Act of 1930*）对进口贸易中的不公平行为发起调查并采取制裁措施。由于其所依据的是《1930年关税法》第337节的规定，所以，一般简称"337调查"。"337调查"是指美国国际贸易委员会根据美国《1930年关税法》第337节（简称"337条款"），对不公平的进口行为进行调查，并采取制裁措施的做法。该条款最初在美国《1930年关税法》第337节中出现，经多次修订，现规定为：进口行为如果存在不正当竞争，且对美国国内相关产业造成实质性损害，美国国际贸易委员会可根据美国国内企业的申请进行调查。所谓的不正当竞争行为主要指：侵犯美国国内有效的专利权、商标权、著作权等知识产权调查与反倾销都具有限制进口作用。尽管美国的"337调查"从WTO规则来看，是没有依据的，也遭到了其他大多数WTO成员的反对，但从实践来看，美国已经将知识产权调查（337调查）作为"两反一保"之外的又一项有力的贸易保护措施。

实际上，由于规则的不透明，诉讼双方的信息不对称，披着"公平贸易"外衣的知识产权调查已经成为美国贸易保护主义政策的重要组成部分，受到来自美国以外的其他贸易伙伴的诸多指责。❶如图1-1所示，美国在1972年至2017年，共对外发起知识产权调查1623件。按照常规逻辑，如果是出于公平贸易的动机，美国对外发起知识产权调查的数量应与美国进口量之间存在对称性，并呈现出正向的拟线性关系。但在图1-1中非常清楚地表明案件高峰期集中在20世纪80年代初期以及2008年全球金融危机以来两个时段，且这两个时段都与美国的经济周期呈现一定的关联性。即在美国经济繁荣时，对外发起知识产权调查案件的数量相对较少；而在美国经济不景气时，加大对外知识产权调查的频次。

尽管存在诸多质疑，但知识产权调查还是成为美国重要的贸易救济手段之一。近年来，知识产权调查甚至有超过反倾销案件之势。如图1-1所示，2000~2017年，美国共对外发起反倾销诉讼案件525起❷，而同期知识产权调查

---

❶ 1983年，加拿大政府向关税与贸易总协定（GATT）提出成立专家小组认定美国337调查是否违反GATT相关规定；1989年，欧共体就以337条款与GATT规定冲突为由提请专家小组审理；2000年，欧盟、加拿大和日本要求美国在WTO框架下就337条款进行磋商；2005年以来，我国商务部在每年发布的《国别贸易投资环境报告》中均指出美国337调查的不合理性，并实际上造成了贸易阻碍。

❷ 数据来源：https://www.wto.org/english/tratop_e/adp_e/adp_e.htm。

的案件已经达到665起●，超过其对外反倾销诉讼案件的数量。而自2001年中国加入世界贸易组织以来，中美贸易增长迅猛，与此同时，美国知识产权调查的矛头也直指中国。

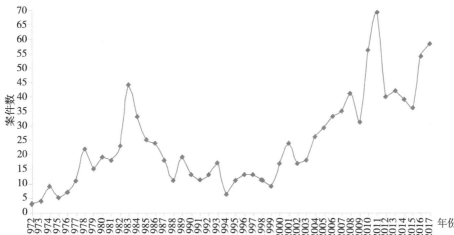

图1-1　美国发起的"知识产权调查"案件数●

经过40年的改革开放，原来贫弱的中国已经成长为世界经济大国，并在21世纪世界经济与贸易格局中占有举足轻重的地位。伴随着中国经济的高速成长以及对外贸易的快速增长，出于对中国经济发展和出口竞争力的担心，以美国为首的发达国家越来越多地利用知识产权压制中国产品的出口。近年来快速发展的出口贸易使我国与主要贸易伙伴的贸易摩擦呈激增之势，并有愈演愈烈的趋势。一个明显的趋势是：中国加入世界贸易组织以来，美国加大对华知识产权调查（337调查）的力度。如图1-2所示，从1972年美国发起首例知识产权调查到2017年年底，美国国际贸易委员会一共对外发起1091起知识产权调查，其中针对中国企业的就达234起，占比21.45%。而从2002年开始，USITC明显地加大对华企业的知识产权调查力度，期间共发起219起调查，占整个对华调查案件的93.59%！2017年甚至达到24起，为2003年立案调查数量

● 数据来源：http：//pubapps2.usitc.gov/337external/。

● 数据来源：https：//pubapps2.usitc.gov/337external/。

的三倍！如果被诉企业真的侵权，知识产权调查无可厚非。但根据数据资料的信息，我们难免产生这样的疑问：为什么是在2001年以来针对中国的知识产权调查案件急速攀升？难道2001年以前我国知识产权保护非常严格，而此后知识产权保护明显放松？显然这不是问题的答案。余乐芬（2011）发现，在所有知识产权调查已经结案的案件中，有约75%的处理结果是和解、没有发现侵权、原告撤诉和同意令，仅有25%的案件发现侵权成立。这意味着很多诉讼企业付出高昂的诉讼费用却最终没有胜诉，但这并没有阻挡更多企业启动知识产权调查的热情。显然这部分诉讼企业打官司是假，而通过启动知识产权调查达到贸易遏制效应以及被诉方被动和解的"敲竹杠"效应是其启动知识产权调查的真正目的。而这就是实实在在的贸易壁垒，即借知识产权保护之名，行贸易保护之实。

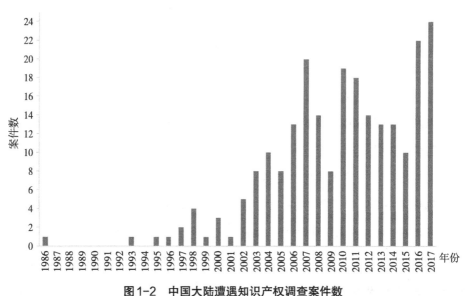

图1-2　中国大陆遭遇知识产权调查案件数

注：数据来源：https://pubapps2.usitc.gov/337external/。

但目前深入细致探讨知识产权壁垒的文献却乏善可陈。本书就是聚焦于这种新型的非关税壁垒，研究启动知识产权调查及影响USITC判决的关键因素，并多角度系统地分析知识产权调查效应，最终提出规避知识产权壁垒的预警和应对机制。

该研究具有极强的理论和现实意义。从理论角度看：（1）从贸易政策内生的角度出发，研究触发美国发起知识产权调查的机制，分别针对"公平贸易"和"保护贸易"动机提出研究假说，实证考察美国知识产权调查的真实动机。（2）利用实证模型检验影响知识产权调查判决的因素，本书将研究哪些宏观因素对知识产权调查判决产生影响。（3）利用反事实模拟的方法估算美国知识产权调查对调查对象出口贸易的影响程度，目前国内外还没有详细研究知识产权调查产生的贸易抑制效应方面的文献。从现实角度看：①由于缺乏对知识产权壁垒的了解和有效的反制措施，我国企业将在相当长一段时间内深受知识产权壁垒的困扰，而本课题通过系统考察知识产权调查效应，可以帮助实务界认识知识产权壁垒的重大危害性。②根据影响知识产权调查频数和案件判决实证研究的结果，本书尝试建立规避知识产权壁垒的预警机制，而预警机制对中国企业抗衡知识产权壁垒具有极强的政策现实意义。

第二节　文献综述

一、国外研究——法学家的"专利"

国外关于知识产权调查的研究多是从法律的视角进行的。罗杰斯和惠特洛克（Rogers and Whitlock，2002）介绍了"337条款"的规定，认为其符合GATT、TRIPs协议相关规定。阿利森（Allison，2009）介绍了知识产权调查立法方面的一系列背景，回顾了近年来社会对于知识产权调查的批评，他在文中提到知识产权调查对于保护国内产业利益的必要性，即使社会对于知识产权调查本身存在很多争议，但是不可否认它的重要意义。那斯（Hnath，2010）指出知识产权调查在国际贸易中对于商业秘密特殊的保护作用，这使得任何公司在面对商业秘密被挪用的情况时，都可以考虑使用知识产权调查这一方式。

总的来说，阿布隆迪和温特（Ablondi and Vent，1981）、罗杰斯和惠特洛克（Rogers，Whitlock，2002）、考佩卡（Koppikar，2004）、哈恩和辛格（Hahn and Singer，2008）、赫肯顿（Heckendorn，2009）、那斯（Hnath，2010）及斯特恩（Sterne，2011）等文献无一例外地都给知识产权调查贴上了公平正义的标签，认为知识产权调查是国际贸易中针对发展中国家知识产权弱保护的重要救济措施。由于美国在知识产权方面处于绝对强势，一贯的偏向性思维认为其他国家特别是发展中国家对于其产品的知识产权保护是不够的。因此，知识产权调查方面的研究也基本成为法学专家的"专利"。这样也就不难理解为什么他们不把频繁的知识产权调查作为贸易壁垒处理，并进行专门研究。

二、国内研究——宏微观方面的考察

其一，宏观方面的考察。将知识产权调查视为贸易壁垒的一种重要形式，集中研究这种贸易壁垒——知识产权壁垒的特点、表现形式、危害性以及宏观层面的应对措施。

郑秉秀（2002）认为，知识产权壁垒是指在保护知识产权的名义下，对含有知识产权的商品，如专利产品，贴有合法商标的商品，以及享有著作权的书籍、唱片、计算机软件等实行进口限制；或者凭借拥有的知识产权优势，实行"不公平贸易"。因此，在全球范围内，知识产权壁垒对自由贸易产生的影响将愈益严重。薄守省（2006）详细分析《与贸易有关的知识产权协定》与知识产权调查的矛盾、《北美自由贸易协定》与"337条款"以及我国企业应对知识产权调查的方法等。郑秉秀（2002）详细考察了国际贸易中知识产权壁垒的特点及表现形式。曹世华（2006）对知识产权壁垒形式进行分析，并探讨了宏观层面的应对措施。余乐芬（2011）通过整理知识产权调查时间序列数据，从内部和外部两个大的方面阐释了中国遭遇知识产权调查这一贸易壁垒的具体原因，她发现贸易保护主义下发达国家构建新型贸易壁垒以及我国企业在对外贸易中研发不足且缺乏知识产权等都是我国遭受知识产权调查的原因。黄晓风

（2011）分析了美国对华知识产权调查的具体特点，即调查数量总体表现为上升的趋势、诉由以专利侵权为主、涉案的产品结构逐步优化升级等。朱鹏飞（2013）从"337条款"合法性的视角出发，从对内、对外两个方面提出了我国应对知识产权调查的具体对策，即对内可以构建针对美国知识产权调查的应对体系，对外可以结合具体案例通过WTO起诉美国在知识产权调查中的不合理做法。张换兆、许建生、彭春燕（2014）预测出美国对中国的知识产权调查会呈现上升趋势，建议应积极应对复杂形势，建立长效的调查应对机制，认为应充分利用中美战略对话平台，要求美方改变"337条款"包含的不合理内容，认为应对调查的重点还是要提高我国的自主创新能力。徐元（2014）分析了当前知识产权调查等贸易壁垒涉案的产业及地区分布，同时从积极参与知识产权产业治理、优化国内专利政策、充分发挥行业协会作用，以及重视服务贸易中的专利战略等方面提出应对知识产权调查策略。王敏、卞艺杰、田泽、邓建高（2016）从实施企业知识产权战略、建立贸易壁垒大数据平台以及建立现代化的贸易壁垒服务体系等角度，分析了不同主体防范知识产权调查的对策。代中强（2016）利用美国国际贸易委员会的知识产权调查数据库，从案件总量、涉案来源地、调查类型、涉案产业、判决结果等方面对知识产权调查做了一个初步的统计分析。

其二，微观个案方面的探讨。以个案形式，从法学和经济学角度分析企业如何应对知识产权调查。

苏喆、秦顺华（2011）详细分析江苏圣奥化学科技有限公司胜诉知识产权调查一案，总结出胜诉经验供相关企业参考。何贻信（2007）也针对燕加隆公司胜诉一案进行经验总结。张平（2010）在《产业利益的博弈：美国337调查》一书中介绍了知识产权调查的"前世今生"，从产业博弈的视角对不同产业进行了具体分析。向征、顾晓燕（2012）则将视野缩小到具体的行业，根据过去我国机电行业遭遇知识产权调查的情况，指出了我国机电行业频遭知识产权调查的原因，包括：中美间的机电产品贸易量大，产品的质量没有达到标准，机电产品知识产权密集，再加上中国机电企业本身在创新方面竞争力不足，缺乏支撑企业发展的核心技术等。薛同锐（2013）对比分析了中国企业败诉典型案例和胜诉典型案例，从政府和企业两个角度为我国应对中美知识产权争端提出具体建议。

三、全新维度：贸易政策的政治经济学视角

由于美国在知识产权方面处于绝对强势，一贯的偏向性思维认为其他国家特别是发展中国家对于美国产品的知识产权保护是不够的。因此，也就不难理解为什么他们不把频繁的知识产权调查作为贸易壁垒处理，并进行专门研究。但国外关于贸易保护的政治经济学方面的文献为本课题研究提供了坚实的理论基础。根据贸易政治经济学理论，贸易政策是内生的，贸易政策是不同经济个体、决策者等各种利益集团在既定偏好和社会制度下作用的均衡解。许多学者研究了贸易保护的内生形成过程，提出了不同的政治经济学模型。贸易政策的新政治经济学为考察贸易政策的决策和形成因素提供了有力的分析框架，将公共选择的分析范式嵌入到传统的贸易理论，从政策决策过程的视角来探究贸易干预的水平、结构、形式和变化，也被称为"内生保护理论"。盛斌（2002）认为，贸易政策可能是政府实现福利最大化的方法，可能是为了寻求政治支持而在政治市场上向利益集团出售的商品，也可能是两者的折中结果。高乐咏、王孝松（2009）研究了利益集团对政府保护政策的影响方式，美国等发达国家的利益集团往往进行公开的院外游说活动，并通过政治捐献（political contribution）同议员建立密切的联系，从而在政治上"购买"到保护政策。在贸易政策的政治经济学领域，最具代表性的理论模型是芬德莱和威利兹（Findlay and Wellisz，1982）的"关税形成"模型、希尔曼（Hillman，1982）的"政治支持"模型、迈耶（Mayer，1984）的"中间选民"模型，以及格罗斯曼和赫尔普曼（Grossman and Hlepman，1994）的"保护待售"模型。近年来，"保护待售"模型在贸易政策的新政治经济学中占据了主流地位，成为解读贸易政策

内生机制的典型模型。该模型从本质上来说是一个特定要素模型，除计价物之外，每个行业使用一种特定要素，各行业基于共同利益可能会组成利益集团，动用政治捐献影响政府决策，使贸易政策对本行业有利。

在经验研究层面，由于"保护待售"模型结构简洁、含义明确，因而其一经问世便受到了广泛关注，目前领域主要的经验研究大都是围绕对该模型的检验展开的。戈登伯格和马马吉（Maggi，1997）、加万德和班多帕德海（Gawande and Bandyopadhyay，2000）使用美国制造业数据对"保护待售"模型进行了检验，发现模型的基本结论能够得到实际数据的支持，即利益集团可以通过政治捐资"购买"到贸易保护政策。米特拉等（Mitra et al.，2002）使用土耳其数据、麦卡尔曼（Mccalman，2004）使用澳大利亚数据、卡多等（Cadot et al.，2008）使用印度数据，分别对"保护待售"模型进行了经验检验，其结果依然支持模型的理论假说。

知识产权调查已经被美国作为一种贸易政策被频繁使用，我们可以从贸易政策的政治经济学视角对其展开分析。国内学者吴郁秋和刘海云（2009）从利益集团视角出发，从制度层面和产品层面分析知识产权贸易摩擦的诱发机制。但可惜的是，他们并没有对理论模型进行修正，也没有在经验层面进行实证检验。

上述文献无疑对本研究具有重要的参考价值，但对知识产权调查的研究还比较零散、缺乏系统性，定性分析多，定量分析少。总的来说，现有文献至少存在如下不足：其一，缺乏从贸易保护政策内生的角度出发研究影响知识产权调查频数及判决的主要因素；其二，未能量化研究知识产权调查对调查对象出口贸易的影响；其三，未能定量研究影响知识产权调查判决的因素；其四，未能系统提出有效规避知识产权调查的预警机制。而面对日益频繁的知识产权调查，中国企业急需有效的预警机制和应对措施。但首先我们需要弄清这些问题的答案：究竟知识产权调查的形成机理——触发知识产权调查启动的因素是什么？一旦企业遭遇知识产权调查将会通过什么渠道产生哪些方面的影响？影响有多大？各种知识产权调查判决结果是否受不同因素的影响？有没有相应机制规避知识产权调查？在中国企业不断遭受知识产权调查的背景下，上述问题没有得到明晰的答案，我们就谈不上全面认识知识产权调查，进而也就无法提出行之有效的预警及应对机制。

第三节　研究内容、具体思路和方法

一、研究内容与具体思路

本研究旨在以贸易保护政治经济学理论为基础，将美国发起的知识产权调查内生化，研究影响知识产权调查频数及案件判决的主要因素，多角度系统分析知识产权调查效应，并在总结成功应诉企业经验的基础上，建立规避知识产权调查的预警及应对机制。其主要内容如下：

第一章，导论部分从美国频繁发起知识产权调查这一背景出发，发现由于信息不对称和诉讼双方地位不对等，打着维护公平贸易旗号的知识产权调查已经异化为一种新型的贸易壁垒。许多企业打知识产权诉讼官司是假，而通过启动知识产权调查达到贸易遏制效应以及被诉方被动和解的"敲竹杠"效应可能是其真实目的。据此，本书以"知识产权调查引致的贸易壁垒"为主题，系统研究其形成机理、产生的效应及预警应对机制。并在文献综述的基础上，给出总结性评论，引出研究主题。

第二章，利用美国国际贸易委员会不公平进口调查信息系统的数据，从案件总量、涉案来源地、调查类型、涉案产业和判决结果五个方面对知识产权调查做一个全面考察。意在厘清如下问题：美国发起的知识产权调查主要集中在哪些行业？遭遇调查的主要来源地如何分布？针对不同的调查对象，其判决结果分布是否存在差异？

第三章，实证考察美国发起知识产权调查的真实动因。在追求所谓的"公平贸易"目标下，美国越来越多地对贸易伙伴采取知识产权调查措施，这种调查背后的动机真的是公平贸易吗？还是以公平贸易为名行保护贸易之实？本章在考虑美国发起知识产权调查案件数据特点的基础上，使用面板托宾回归模型来研究美国发起知识产权调查背后的真实动因。具体而言，引入美国贸易赤字、贸易伙伴在美国专利申请量、美国特殊"301 报告"、贸易伙伴的知识产权保护水平、是否与美国有自由贸易协定、美国对贸易伙伴的出口依赖程度等因素来综合判断其调查的动机。并在实证研究的基础上，为我国厂商如何应对美国愈演愈烈的知识产权调查提供有价值的政策参考依据。

第四章，全面考察我国企业遭遇知识产权调查的情况。在分析我国企业遭遇知识产权调查的现状和特点的基础上，从四个方面分析我国企业频遭知识产权调查的原因，最后从内外两方面讨论我国企业应诉容易失败的原因。

第五章，利用 2000 年到 2015 年美国同 48 个贸易伙伴的数据量化知识产权调查产生的贸易抑制效应。通过在经典的贸易引力模型中加入美国知识产权调查因素，使用反事实模拟方法，从基于调查总量的"贸易缺口"和基于原告胜诉的"贸易缺口"两方面定量分析美国发起知识产权调查对贸易伙伴向美出口的影响程度。

第六章，利用 2005~2015 年 42 个遭遇知识产权调查的国家和地区的面板数据，实证研究美国知识产权调查侵权率判定的影响因素。本章从美国国内政治因素、美国国内经济状况、美国来自贸易伙伴的贸易压力、贸易伙伴知识产权保护水平等宏观角度分析侵权率的影响机理，并通过面板数据进行实证检验，识别出影响知识产权案件判决的关键影响因素。

第七章，以厦门金达威公司为例，分析其应对知识产权调查时的经验和启示。我国企业俨然成为美国知识产权调查的"重灾区"，美国频频对我国企业发起知识产权调查，调查所涉行业也不断扩大，这对我国企业出口贸易产生严重影响。本章在回溯厦门金达威公司应诉历程的基础上，通过其公开财务报表分析知识产权调查对公司出口贸易、研究开发的影响，并总结其应诉知识产权调查的经验和启示。

第八章，以华为公司为例，分析其应对知识产权调查时的经验和启示。

始于2003年与思科的知识产权诉讼案件是一场标志性事件，案件对华为公司产生了深刻影响。本章详细分析华为公司从被动应诉到主动诉讼的转变历程，并从知识产权诉讼策略和知识产权战略管理两个维度总结华为公司应诉经验，为我国相关企业应对美国知识产权调查时提供参考和借鉴。

第九章，从宏观层面、中观层面和微观层面研究我国跨越知识产权壁垒的预警及应对机制。我们知道，一旦启动知识产权调查，不管最后裁定结果如何，对于被诉企业的出口都将产生极大影响。因此，如何建立预警机制，早期防范知识产权调查，切实有效降低企业出口风险是本书的重要任务。

本书的思路框架，如图1-3所示。

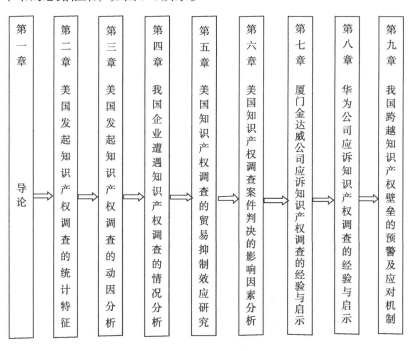

图1-3　研究框架结构

二、研究方法

本书主要使用的研究方法是多学科交叉研究相结合。本书涉及制度经济学、产业经济学、计量经济学、国际贸易学、法律经济学、政治学等多门学科。具体是根据贸易保护政治经济学方法将知识产权调查内生化，通过数量分析和实证检验分析相结合的范式，全面深入探讨影响知识产权调查启动、案件判决及调查产生的贸易抑制效应。

宏观分析和微观视角相结合。本书第二章在分析美国发起知识产权调查的统计特征时，调查总量和涉案来源地采用的是宏观分析，而涉案产业、判决结果分析则采用的是微观分析。本书第三章在考察美国知识产权调查动因时，分别从微观和宏观角度分析其影响因素，并利用托宾面板模型进行实证检验。

理论研究与案例分析相结合。在美国发起知识产权调查的动因分析以及案件判决的影响因素分析中，本书都从理论上详细分析两者背后的影响机制。同时，本书在第七章和第八章分析如何应对知识产权调查时，通过选取华为和金达威公司作为典型案例进行分析，并提出供其他企业应对调查时的政策建议。

第二章　美国发起知识产权调查的统计特征

现有文献对知识产权调查的统计非常零散，定性分析多，定量分析少，明显缺乏对知识产权调查的全面考察。而这种全面考察对于我们了解知识产权调查的特点、产生的原因、建立预警机制和完善应对措施都非常重要。基于以上理由，本章利用美国国际贸易委员会的不公平进口调查信息系统，从案件总量、涉案来源地、调查类型、涉案产业、判决结果等方面对知识产权调查做一个比较完整的统计分析。

第一节　调查总量分析

从涉案的数量看，纵观美国知识产权调查的历史，经历了2个高峰时期。第一个高峰期为20世纪70年代末期至20世纪80年代中期。表2-1显示，1978~1987年，美国共发起知识产权调查241件，占总调查数量的22.05%，年平均24.1件，略微高于总体年平均数23.8件。第二个高峰期为2001年以来至今，此时刻也恰逢中国❶加入世界贸易组织。2001~2017年，美国共发起知识产权调查649件，占总调查数量的59.4%，年平均38.2件，远远高于总体年平均数❷。出现这两个高峰期并不令人奇怪，第一个时期是高油价背景下美国滞胀时期，第二个是美国新经济泡沫破灭后的经济不景气时期。从这些细节可以看出，知识产权调查并没有跟随国际知识产权保护的潮流出现线性递增或递减，而是与美国经济景气度保持高度相关，这不得不令人怀疑美国知识产权调

❶ 文中所涉及中国的所有数据都不包括中国台湾地区、香港特别行政区和澳门特别行政区。

❷ 2008年7月7日，ITC（International Trade Center）公布了337调查程序的新规则，虽然是细节性的修改，但申诉人可能需要一个适应的过程，因此导致了2009年申诉数量的明显减少。

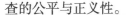

查的公平与正义性。

　　根据表2-1，从涉案对象所处的地理位置来看，知识产权调查的主角集中在亚洲，其次是欧洲和北美洲，而南美洲、大洋洲和非洲则涉案较少。1972年到2017年，除1974年和1984年欧洲涉案数量超过亚洲外，其他年份亚洲涉案数量都位居榜首。在这期间，针对亚洲的起诉数量达到1089起，占比64.44%；针对欧洲达到408起，占比24.14%，针对北美洲的达到159起，占比9.41%，针对大洋洲的达到15起，占比0.89%，针对南美洲的达到14起，占比0.83%，针对非洲的达到5起，占比0.3%。亚洲、欧洲和北美洲是美国三个最重要的贸易伙伴，但知识产权调查的重点却唯独集中在亚洲，其调查的歧视性不言而喻。

　　根据表2-1，从各大洲涉案国家和地区数目来看，亚洲、欧洲位居前列；而北美洲、南美洲、大洋洲和非洲涉案数量少，且集中在少数几个经济体。1972~2017年，涉案经济体数量为637个，这些经济体涉案总量达1690次，平均每起案件2.65个经济体涉案。这一期间，针对亚洲的案件达到1089起，涉案经济体总数达到272次，平均每起案件涉案对象数量达到4个；针对欧洲的案件达到408起，涉案经济体总数达到239次，平均每起案件涉案对象数量达到1.71个；针对北美洲的案件达到159起，涉案经济体总数达到75次，平均每起案件涉案对象数量达到2.12个。数据表明，对欧洲调查采取的是撒胡椒面的威慑打击模式，而对亚洲采取的则是对重点对象（主要是日本、中国台湾地区和中国大陆）的精准打击模式。

表2-1　知识产权调查总况表

年份	案件总数	涉案国家地区数量	亚洲涉案数量	欧洲涉案数量	北美洲涉案数量	南美洲涉案数量	大洋洲涉案数量	非洲涉案数量
1972	3	3	2 (2)	1 (1)	0	0	0	0
1973	4	3	3 (2)	1 (1)	0	0	0	0
1974	9	7	4 (1)	5 (5)	0	0	0	1 (1)
1975	5	3	2 (2)	2 (2)	0	0	0	0
1976	7	10	6 (4)	5 (5)	1 (1)	0	0	0

续表

年份	案件总数	涉案国家地区数量	亚洲涉案数量	欧洲涉案数量	北美洲涉案数量	南美洲涉案数量	大洋洲涉案数量	非洲涉案数量
1977	11	8	16 (5)	2 (2)	1 (1)	0	0	0
1978	22	11	18 (4)	7 (3)	2 (2)	0	2 (2)	0
1979	15	10	10 (5)	7 (4)	2 (1)	0	0	0
1980	19	10	10 (3)	10 (6)	1 (1)	0	0	0
1981	18	10	19 (5)	3 (3)	3 (1)	0	0	1 (1)
1982	23	11	18 (5)	6 (3)	4 (2)	1 (1)	0	0
1983	44	17	30 (6)	18 (8)	4 (1)	0	2 (1)	1 (1)
1984	33	12	18 (4)	21 (7)	2 (1)	0	0	0
1985	25	12	17 (4)	11 (7)	2 (1)	0	0	0
1986	24	14	27 (7)	10 (5)	1 (1)	1 (1)	0	0
1987	18	18	18 (7)	10 (8)	5 (2)	1 (1)	0	0
1988	11	6	10 (3)	3 (3)	0	0	0	0
1989	19	16	13 (4)	13 (10)	1 (1)	1 (1)	0	0
1990	13	11	8 (3)	6 (6)	1 (1)	1 (1)	0	0
1991	11	8	6 (3)	6 (2)	1 (1)	2 (2)	0	0
1992	13	8	8 (4)	3 (2)	3 (1)	1 (1)	0	0
1993	17	14	15 (5)	9 (7)	5 (2)	0	0	0
1994	6	6	5 (4)	2 (2)	0	0	0	0
1995	11	8	10 (5)	3 (2)	1 (1)	0	0	0
1996	13	11	13 (7)	2 (2)	2 (2)	0	0	0
1997	13	12	12 (7)	3 (3)	2 (2)	0	0	0
1998	11	12	14 (6)	6 (6)	2 (1)	0	0	0
1999	9	8	4 (3)	4 (4)	1 (1)	0	0	0
2000	17	9	17 (6)	2 (2)	1 (1)	0	0	0
2001	24	18	26 (10)	10 (6)	4 (2)	0	0	0
2002	17	14	17 (5)	7 (7)	3 (2)	0	0	0
2003	18	19	27 (12)	6 (4)	6 (3)	0	0	0
2004	26	19	34 (10)	8 (6)	3 (2)	1 (1)	0	0
2005	29	22	28 (8)	10 (7)	11 (5)	0	1 (1)	1 (1)
2006	33	20	34 (9)	13 (6)	4 (3)	1 (1)	1 (1)	0

续表

年份	案件总数	涉案国家地区数量	亚洲涉案数量	欧洲涉案数量	北美洲涉案数量	南美洲涉案数量	大洋洲涉案数量	非洲涉案数量
2007	35	18	47（10）	9（5）	3（3）	0	0	0
2008	41	28	68（11）	16（11）	8（5）	0	1（1）	0
2009	31	15	36（7）	8（6）	5（2）	0	0	0
2010	56	16	67（9）	11（4）	12（3）	0	0	0
2011	69	23	73（9）	27（11）	9（3）	0	0	0
2012	40	27	57（9）	21（11）	13（5）	2（2）	1（1）	0
2013	43	20	42（7）	15（9）	6（3）	0	2（1）	0
2014	39	24	48（10）	18（9）	7（3）	1（1）	2（1）	0
2015	36	22	24（8）	16（10）	6（2）	0	1（1）	1（1）
2016	54	23	49（13）	20（7）	6（1）	0	2（2）	0（0）
2017	58	21	59（10）	12（8）	4（2）	1（1）	0	0

注：（1）第4~9列括号中数字为当年各大州涉案国家和地区数量。（2）根据美国国际贸易委员会不公平进口调查信息系统库整理而得。网址：http://pubapps2.usitc.gov/337external/。

第二节　涉案来源地分析

1972~2017年，美国国际贸易委员会共对外发起1093起知识产权调查，总共涉及68个国家和地区，这些美国的贸易伙伴平均遭受调查16起。

从涉案的国家和地区看，中国台湾地区、日本和中国大陆是知识产权调查的最大受害方。表2-2的数据资料显示，1972~2017年，被调查较多的经济体有日本、中国台湾地区、中国香港特别行政区、中国大陆、德国等。其中，中国台湾地区有18年位居第一，日本有13年排在第一，中国大陆有13年位居第一，中国香港特别行政区和德国分别有1年位居第一。日本位居调查榜首的时间主要是在20世纪70年代至80年代中期，中国台湾地区则是20世纪80年代末期至20世纪末，而中国位居榜首的时间则是加入世界贸易组织以后。2002~2017年，短短的16年间，中国大陆位居调查榜首达13次之多。即使我们将考察范围放松到前三来看，中国台湾地区、日本和中国仍然是主要的被调查方。如果被诉企业真的侵权，知识产权调查无可厚非。但根据表2-2的信息，我们难免产生这样的疑问：为什么是在2001年以来针对中国大陆的知识产权调查案件急速攀升？这恰恰表明美国知识产权调查具有明显的针对性和歧视性。实际上，自20世纪80年代以来，我国知识产权保护不管是从立法还是从执法层面都显现出越来越严的趋势。

表2-2　涉案来源地汇总表

年份	第一涉案地	第二涉案地	第三涉案地	涉案地数量	案件总量	HHₐ
1972	日本	中国台湾地区	英国	3	3	0.3333
1973	日本	中国香港特别行政区	意大利	3	4	0.3750
1974	日本	英国	荷兰	7	10	0.1800
1975	日本	德国	丹麦	3	4	0.37500
1976	中国台湾地区	日本	中国香港特别行政区	10	12	0.0625
1977	日本	中国台湾地区	韩国	8	19	0.1856
1978	中国台湾地区	日本	中国香港特别行政区	11	29	0.0987
1979	中国台湾地区	日本	英国	10	19	0.0803
1980	日本	中国台湾地区	德国	10	21	0.102
1981	日本	中国台湾地区	加拿大	10	26	0.1805
1982	中国台湾地区	日本	德国	11	29	0.1046
1983	中国台湾地区	日本	德国	17	55	0.0731
1984	中国台湾地区	日本	德国	12	41	0.0845
1985	中国台湾地区	日本	中国香港特别行政区	12	30	0.1
1986	日本	中国台湾地区	中国香港特别行政区	14	39	0.0796
1987	中国香港特别行政区	韩国	中国台湾地区	18	34	0.0355
1988	中国台湾地区	日本	韩国	6	13	0.3905
1989	中国台湾地区	日本	意大利	16	28	0.0753

续表

年份	第一涉案地	第二涉案地	第三涉案地	涉案地数量	案件总量	HH$_3$
1990	中国台湾地区	韩国	菲律宾	11	16	0.1016
1991	德国	日本	中国香港特别行政区	8	16	0.1133
1992	中国台湾地区	加拿大	日本	8	15	0.1289
1993	中国台湾地区	加拿大	日本	14	29	0.088
1994	中国台湾地区	日本	中国香港特别行政区	6	7	0.1224
1995	日本	中国香港特别行政区	中国台湾地区	8	14	0.1122
1996	日本	韩国	中国台湾地区	11	17	0.0761
1997	中国台湾地区	日本	中国	12	17	0.0588
1998	中国台湾地区	中国	中国香港特别行政区	12	22	0.093
1999	日本	中国台湾地区	中国	8	9	0.074
2000	中国台湾地区	日本	中国	9	20	0.175
2001	中国台湾地区	日本	德国	18	40	0.0838
2002	中国大陆	中国香港特别行政区	中国台湾地区	14	27	0.0905
2003	中国大陆	加拿大	中国台湾地区	19	39	0.0585
2004	中国大陆	中国台湾地区	日本	19	46	0.078
2005	中国大陆	中国台湾地区	韩国	22	51	0.0531
2006	中国大陆	德国	日本	20	53	0.0819
2007	中国大陆	韩国	日本	18	59	0.1175
2008	中国大陆	中国台湾地区	日本	28	93	0.0607
2009	日本	中国台湾地区	中国	15	49	0.095
2010	中国大陆	中国台湾地区	日本	16	90	0.0885
2011	日本	中国	中国台湾地区	23	109	0.0742
2012	中国台湾地区	中国	日本	27	94	0.0557
2013	中国大陆	中国台湾地区	韩国	20	65	0.0667
2014	中国大陆	中国台湾地区	中国香港特别行政区地区	24	76	0.0587
2015	中国大陆	加拿大	英国	22	48	0.0573
2016	中国大陆	韩国	加拿大	23	77	0.0937

年份	第一涉案地	第二涉案地	第三涉案地	涉案地数量	案件总量	HH₃
2017	中国大陆	日本	中国台湾地区	21	76	0.143

注：第6列数据为当年涉案国家和地区涉案数量累加而得，其他数据计算基于不公平进口调查信息系统库。

从涉案国家和地区的地理集中度看，知识产权调查的集中度总体呈现下降趋势。此处借用产业经济学中测度市场集中度的方法来计算知识产权调查的地理集中度。其计算公式为

$$HH = s_1^2 + s_2^2 + \cdots + s_n^2 = \sum_{i=1}^{n} s_i^2 \qquad (2-1)$$

其中，s_i表示针对某国或地区遭遇知识产权调查数量占当年知识产权调查总量的比例。HH指数取值范围在0~1之间，指数越接近1，表明知识产权调查集中度越高；反之，当HH指数接近0时，表明市场集中度低，说明涉案对象有增加的趋势。根据本章数据的特点，我们将计算排名前三的集中度指数。表2-2测算结果显示，HH指数从1972年的0.333下降至2017年的0.143，虽然其中也有一定的起伏，但总体趋势向下。这说明美国知识产权调查增加的大背景下，涉案的国家和地区也不断在增加，知识产权调查的打击面也不断在扩展。

从原告来源地来看，虽然美国本土企业占据绝对主流地位，但由于知识产权调查对起诉对象的资格规定较松，其他国家和地区的企业也可以在美国本土起诉，以保障自己作为知识产权权利人的利益。在知识产权调查中，无论美国企业（自然人）还是非美国企业（自然人），只要其认为进口产品侵犯了其在美国登记或注册的专利权、商标权、版权或集成电路布图设计权，并能够证明美国国内已经存在或正在形成相应的产业，都可以依法向美国国际贸易委员会提起知识产权调查申请。[1]表2-3的统计显示，除美国外，日本、中国台湾地区、韩国和德国是使用知识产权调查最多的国家和地区。说明这些国家和地区的企业较其他企业而言，可能更熟悉美国知识产权调查的规则。同时，这样做

---

[1] http：//gpj.mofcom.gov.cn/article/cx/cp/ea/200808/20080805741430.shtml。

可以起到一定的威慑作用，其他起诉方可能会担心这些国家和地区企业的报复能力而降低起诉的概率。

表2-3　原告来源地分布表（除美国外）

来源地	日本	中国台湾地区	韩国	德国	英国	加拿大	中国大陆	中国香港特别行政区
起诉数量	47	23	22	11	8	7	3	1

资料来源：根据美国国际贸易委员会不公平进口调查信息系统库整理而得。

第三节　调查类型分析

在知识产权调查的实践中，其调查类型主要有专利侵权、注册商标侵权、侵犯商业秘密、商业外观侵权❶、虚假原产地、版权侵权、不公平竞争、商标灰色市场❷等。根据表2-4可知，1972~2017年，知识产权调查中涉及最多的是专利侵权，占比87.81%；其次为注册商标侵权，占比9.81%。同时，通过表2-5的数据发现，2004年以来，知识产权调查中涉及专利侵权案件的比重均超过90%，这说明近年来针对专利侵权的诉讼得到进一步强化。

表2-4　涉案调查类型汇总表

类型	全球数量	占比	类型	全球数量	占比
专利侵权	958	87.81	虚假原产地	29	2.66
注册商标侵权	107	9.81	版权侵权	25	2.29
侵犯商业秘密	47	4.31	不公平竞争	18	1.65
商业外观侵权	39	3.57	商标灰色市场	1	0.09

注：（1）部分案件涉及两种调查类型，因此各类型比重相加超过100%。（2）根据美国国际贸易委员会不公平进口调查信息系统库整理而得。

---

❶ 是指经营者在进口产品中，仿效国内产品的特殊或"非功能性"特征，足以诱骗消费者相信该进口产品是国内生产商产品的行为。

❷ 又称平行进口。灰色市场的商品就是有品牌的真品，只不过其销售的渠道未经该商标拥有者授权与同意，是一种"非正式"的销售渠道。

在表2-5中，我们利用中国大陆和世界的数据进行了对比。由于针对中国大陆的知识产权调查案件主要爆发在2002年以后，我们选择的样本区间为2002~2017年。表2-5结果显示，针对中国大陆的知识产权调查案件中，涉及专利侵权的占据绝对优势地位，除2003、2008年外，其他年份涉及专利侵权的比重都高达80%以上。但与世界样本相比较，在考察样本的大部分年份，针对中国大陆的调查案件中，专利侵权诉讼的比重还是低于世界平均值。这意味着中国大陆企业涉案的类型更为广泛，这可能会增加中国大陆企业应诉的时间和费用成本，进一步提升中国大陆企业的不应诉比率。

表2-5 世界和中国大陆专利侵权涉案比较

年份	专利侵权涉案总数	世界当年涉案总数	世界占比（%）	中国大陆专利侵权案件	中国大陆当年涉案数	中国大陆占比（%）
2002	13	17	76.47	4	5	80
2003	14	18	77.78	5	8	62.5
2004	25	26	96.15	9	10	90
2005	29	29	100	8	8	100
2006	30	33	90.91	11	13	84.62
2007	35	35	100	20	20	100
2008	37	41	90.24	11	14	78.57
2009	29	31	93.55	8	8	100
2010	56	56	100	19	19	100
2011	67	69	97.1	16	18	88.69
2012	37	40	92.5	12	14	85.71
2013	39	43	90.7	13	13	100
2014	37	39	94.87	12	13	92.31
2015	35	36	97.22	9	10	90
2016	49	54	90.74	19	22	86.36
2017	55	58	94.83	22	24	91.67

资料来源：根据美国国际贸易委员会不公平进口调查信息系统库整理而得。

第四节　涉案产业分析

世界海关组织《商品名称及编码协调制度》（*the Harmonized Commodity Description and Coding Systm*，HS）分类编码体系将商品分为22大类产品。❶表2-6为按照HS编码体系进行分类统计的涉案产业统计结果。

表2-6　涉案产业类型汇总表

调查产业	世界（1972~2014）		世界（2009~2014）		中国大陆（2009~2014）	
	数量	比重（%）	数量	比重（%）	数量	比重（%）
16类	602	63.7	201	72.56	54	63.53
20类	92	9.74	28	10.11	9	10.59
6类	63	6.67	11	3.97	4	4.71
18类	62	6.56	26	9.39	7	8.24
7类	43	4.55	14	5.05	7	8.24
15类	29	3.07	8	2.89	5	5.88
17类	16	1.69	4	1.44	2	2.35
12类	13	1.38	1	0.36	1	1.18
13类	9	0.95	2	0.72	0	0
4类	9	0.95	2	0.72	0	0
8类	9	0.95	4	1.44	3	3.53
9类	6	0.63	1	0.36	0	0
11类	6	0.63	2	0.72	1	1.18

---

❶ 根据世界海关组织《商品名称及编码协调制度》分类编码体系，商品分类如下：1类为活动物、动物产品；2类为植物制品；3类为动植物油及脂，4类为食品、饮料、烟草；5类为矿产品；6类为化工产品；7类为塑料和橡胶制品；8类为皮革、箱包制品；9类为木材及木制品；10类为木浆及纸制品；11类为纺织原料及纺织制品；第12类为鞋、帽、靴、伞等轻工制品；13类为水泥、陶瓷及玻璃制品；14类为贵金属及其制品；15类为贱金属及其制品；16类为机电产品；17类为运输设备；18类为光学、钟表和医疗设备；19类为武器弹药；20类为杂项制品；21类为艺术品及古玩；22类为其它未分类产品。

调查产业	世界（1972~2014）		世界（2009~2014）		中国大陆（2009~2014）	
	数量	比重（%）	数量	比重（%）	数量	比重（%）
5类	3	0.32	0	0	0	0
14类	3	0.32	0	0	0	0
10类	3	0.32	3	1.08	0	0
22类	3	0.32	3	1.08	3	3.53
2类	2	0.21	0	0	0	0
19类	2	0.21	1	0.36	0	0
1类	2	0.21	1	0.36	0	0

注：（1）有些案件涉及的产业种类达到2类甚至更多。例如，编号为337-TA-874的案件，涉及的产业种类达5项之多，分别为第4类、第6类、第10类、第16类和第20类。因此，将表6中的涉案产业加总将超过337案件的总调查数量。（2）根据美国国际贸易委员会不公平进口调查信息系统库整理而得。

从涉案的产业覆盖度来看，除第3类动植物油和脂和第21类艺术品及古玩外，其他大类都有涉及，只是程度不同而已，产业覆盖度高达90.9%。这样来看，知识产权调查的打击面就非常广，不管是知识产权敏感型产业还是知识产权非敏感型产业，都有可能成为涉案标的。

从涉案产业集中度来看，第16类——机电产品无疑是重灾区。1972~2014年，知识产权调查针对机电产品就达到602起，占比63.7%；其次是第20类——杂项制品，涉案次数达到92起，占比9.74%。另外，第6类——化工产品、第18类——光学、钟表和医疗设备、第7类——塑料和橡胶制品相对涉案较多。同时，利用2009~2014年的数据发现，这一时期知识产权调查更进一步集中在机电产品和杂项制品上。表2-6的统计结果显示，2009~2014年，机电产品涉案201起，占比达到72.56%；杂项制品涉案28起，占比10.11%，都超过1972~2014年的世界平均值。与此形成强烈对比的是，这一期间美国反倾销的重点行业则是贱金属及制品❶。

---

❶ 根据 Global Antidumping Database 中美国起诉数据整理而得。

从针对中国大陆的案件看，和世界样本一样，机电产品和杂项制品是主要的涉案产品；而美国对华反倾销则主要集中在贱金属和化工行业，两者合计比重达到60%以上。❶表2-6数据显示，2009~2014年，针对中国大陆的知识产权调查案件中，机电产品涉案54起，占比63.53%，低于同期世界样本的机电产品涉案72.56%的比重；杂项制品涉案9起，占比10.59%，略低于同期世界样本的杂项制品涉案10.11%的比重。总体上看，针对中国大陆调查的行业与世界没有出现实质性的差异，但具有贸易竞争力优势的塑料、橡胶制品和皮革、箱包制品的涉案比重却明显高于世界平均水平。

第五节 判决结果分析

一旦启动知识产权调查，被诉企业首先面临的选择是应诉还是不应诉？究竟选择哪一种方式，取决于其成本和收益的对比。一旦应诉，将面临支付高昂的律师费和承受可能败诉带来的风险。张平（2010）指出，知识产权调查的应诉费用一般在200万~1000万美元之间，有的甚至达到2000万美元。当然不应诉的情况可能更为糟糕，美国国际贸易委员会将根据原告提供的材料做出对被告最为不利的判决。

从未应诉比重看，表2-7的数据显示，就世界样本而言，未应诉的比重为4.32%。横向对比来看，中国大陆的未应诉比重达到12.46%，远远高于世界平均水平；同期日本的未应诉比重仅为1.48%，中国台湾地区的未应诉比重为2.19%，这两个经济体的未应诉比重低于世界平均水平，同时也远远低于中国大陆的未应诉比重。这说明，我国有相当多的被诉企业由于害怕高昂的应诉费用而放弃应诉，这可能会更进一步助长美国对华知识产权调查的频度。

---

❶ 根据Global Antidumping Database中美国数据整理而得。

表2-7　世界及主要国家和地区应诉情况汇总表（1972~2017）

应诉情况	世界	世界比重（%）	中国大陆	中国大陆比重（%）	中国台湾地区	中国台湾地区比重（%）	日本	日本比重（%）
撤诉	175	13.74	57	16.15	45	12.3	36	13.33
和解	511	40.11	99	28.05	132	36.07	129	47.78
未发现侵权	187	14.68	32	9.07	45	12.3	51	18.89
未应诉	55	4.32	44	12.46	8	2.19	4	1.48
同意令	194	15.23	71	20.11	60	16.39	26	9.63
发现侵权	152	11.93	50	14.16	76	20.77	24	8.89

资料来源：根据美国国际贸易委员会不公平进口调查信息系统库整理而得。

　　知识产权调查后可能出现的结果是原告撤诉、和解、同意令、发现侵权和未发现侵权等。显然，未发现侵权和原告撤诉意味着被告胜诉。而败诉的主要结果是发现侵权、同意令及和解。发现侵权肯定意味着被告败诉，但和解和同意令实际上是原告败诉。之所以达成和解，主要是被告"被迫"签订了苛刻的不平等条约，例如专利许可、贴牌生产、指定采购、退出市场等，这实际上是满足了原告起诉的目的，等同于被告败诉。同意令与和解非常类似，只是美国国际贸易委员会还保留了管辖权而已。张平（2010）指出，和解和同意令对被告来说，是明和实败。

　　从胜败诉比重看，表2-7的数据显示，被告的世界平均胜诉率（未发现侵权比重与撤诉比重相加）为28.42%。横向对比看，中国大陆、中国台湾地区和日本企业作为被告方，其平均胜诉率分别为25.22%、24.6%和32.22%。数据表明中国大陆和中国台湾地区的平均胜诉率低于全球平均水平，而日本的平均胜诉率远远高于全球平均水平。这可能跟日本在20世纪70年代就卷入知识产权调查有一定关系，高居不下的调查频度使得日本的企业在应诉知识产权调查时经验更为充分。

　　从和解和同意令比重来看，世界样本均值为54.78%。横向对比来看，中国大陆为48.16%，中国台湾地区为52.46%，日本达到57.41%。这意味着有超过一半的诉讼案件，诉讼企业付出高昂的诉讼费用打官司是假，而通过启动知识产权调查将对手拉入诉讼的泥潭中，达到贸易遏制效应以及被诉方被动和解的"敲竹杠"效应才是这些企业启动知识产权调查的真正目的。这种知识产权调查的异化和滥用就是实实在在的贸易壁垒，即"借知识产权保护之名，行贸易保护之实"。

在发现侵权的案件中，美国国际贸易委员会一般采取的救济措施有：普遍排除令、一般排除令、停止令和没收令等。普遍排除令要求海关针对侵权产品，不管来源地，只要所有人、进口商或销售商无法证明其产品没有侵权，就排除在美国海关之外。由于不分来源地，这种救济措施的杀伤力巨大。有限排除令是专门针对被裁定侵权的被诉方发出的，禁止申请书中被列名的外国侵权企业的侵权产品进入美国市场。停止令要求被诉方立即停止被指控的侵权行为，被诉方产品不得向美国出口，也不得在美国对涉案产品进行营销、分销、库存、宣传、广告等行为。而如果USITC曾就某一产品发布过排除令，而有关企业试图再次将其出口到美国市场，则USITC可发布没收令。表2-8中统计了这些救济措施的使用情况。从世界样本来看，有限排除令的比例最高，达到39.12%，中国大陆和日本亦如此，其有限排除令的比例分别为37.21%和35.9%。中国台湾地区的有限排除令比例为33.64%，略低于世界平均水平。

表2-8 世界及主要国家和地区救济措施汇总表（1972~2017）

救济措施	世界		中国大陆		中国台湾地区		日本	
	次数	比重（%）	次数	比重（%）	次数	比重（%）	次数	比重（%）
普遍排除令	107	31.47	37	28.68	47	42.73	12	30.77
有限排除令	133	39.12	48	37.21	37	33.64	14	35.9
停止令	100	29.41	44	34.11	26	23.64	13	33.33

注：（1）没收令在337案件救济实践中很少采用，美国国际贸易委员会不公平进口调查信息系统库并没有查询到没收令的使用记录。（2）根据美国国际贸易委员会不公平进口调查信息系统库整理而得。

第六节　结论与启示

近年来，知识产权调查已经成为美国最重要的贸易救济手段。由于信息不对称以及诉讼双方地位不对等等问题，宣称是维护公平贸易的知识产权调查，其实质上已经异化为一种实实在在的贸易壁垒。这种贸易壁垒已经严重影响到中国大陆、中国台湾地区、日本、韩国等美国主要贸易伙伴对美的出口贸易。本章利用美国国际贸易委员会不公平进口调查信息系统库，从案件总量、涉案来源地、调查类型、涉案产业、判决结果等方面进行一个比较详细的统计分析。

我们的统计研究发现：其一，知识产权调查与美国的经济周期联系紧密。当美国经济高涨时，知识产权调查处于低潮期；而当美国经济不景气时，知识产权调查则快速增加。其二，从涉案来源地来看，知识产权调查带有明显的歧视性，其涉案主要来源地是日本、中国台湾地区和中国大陆。同时，近年来知识产权调查涉案的国家和地区有不断增加的趋势。其三，从调查类型来看，知识产权调查主要集中在专利侵权上，且近年来针对专利侵权提起诉讼的趋势得到进一步增强。其四，从涉案产业来看，主要集中在机电产品上，这跟反倾销主要涉案产业完全不同。其五，从判决结果来看，未应诉比例中，中国大陆高于世界平均水平，而日本和中国台湾地区则低于世界平均水平。但三者和解和同意令的比例与世界平均水平基本一致，都超过50%，这意味着发起知识产权调查的企业很可能是希望起到贸易威慑或被动和解的"敲竹杠"效果。

第三章　美国发起知识产权调查的动因分析

第一节　引言

自中国加入 WTO 以来，知识产权保护越来越严格，却连续十多年成为美国知识产权调查的最大目标。事实上，许多诉讼企业申请启动知识产权调查并不是以维权作为自己真正的目的。这些企业利用规则的不透明、诉讼双方的信息不对称以及法官的自由裁量权将对手拉入诉讼泥潭，并用这种手段对对手的生产经营产生影响。由于知识产权调查时间长、费用高及举证烦琐等特性，面临诉讼的企业大都会选择私下和解、支付赔偿方式进行应对。

国外关于"知识产权调查"的研究多是从法理上是否公平正义展开的。阿布隆迪和温特（Ablondi and Vent，1981）、罗杰斯和惠特洛克（Rogers and Whitlock，2002）、考佩卡（Koppikar，2004）、哈恩和辛格（Hahn and Singer，2008）、赫肯顿（Heckendorn，2009）、那斯（Hnath，2010）及斯特恩（Sterne，2011）等文献无一例外地都给知识产权调查贴上了公平正义的标签，认为知识产权调查是美国针对其他国家和地区知识产权弱保护的重要救济措施。

国内文献将"知识产权调查"作为一种新型的非关税壁垒，重点对其特点、表现形式、危害性及宏观层面的应对措施展开研究。代表性的文献有薄守省（2006）、郑秉秀（2002）、曹世华（2006）、张平（2010）、余乐芬（2011）、顾晓燕（2012）、朱鹏飞（2013）、薛同锐（2013）、张换兆、许建生、彭春燕（2014）、徐元（2014）、冯伟业（2017）、鲁甜（2018）等。

总体上看，国内外文献关于知识产权调查是否公平存在重大差异。国外文献倾向于认为知识产权调查公平合理，最多是调查程序上存在少许瑕疵。但国内文献则坚持认为这就是一种贸易壁垒，完全背离其"公平贸易"的初衷。由于动机的不可观测性，这两类文献谁也无法说服谁。基于此，需要我们从实证角度来判断美国发起知识产权调查的真实动机。

与既有的文献相比，本章可能的贡献归结如下：第一，鲜有文献从实证角度出发探讨美国发起知识产权调查动因。我们细致考察美国发起知识产权调查的动因，利用"公平贸易目标"和"保护贸易目标"产生的不同机制，验证出美国知识产权调查的真实动机。第二，被解释变量数据具有大量零值的非设限特点，本章采用更合适的托宾回归模型。并从数量边际效应和概率边际效应出发解读每个可能的因素对美国发起知识产权调查的影响，为使研究结论更为可靠，本章进行了大量的稳健性测试，最终进一步证实美国知识产权调查的"保护贸易动机"。第三，实证结论针对中国企业如何应对美国知识产权调查，具有重要的政策参考价值。本章的研究发现，美国知识产权调查很可能是一个长期行为，传统的应对策略并不一定对降低美国知识产权调查的频次和概率有效。

第二节　机理分析与研究假说

美国知识产权调查制度实施至今，形成一整套完整的实施机制，对美国知识产权边境措施产生深远影响，尽管多次遭受贸易伙伴的投诉，但调查现在是有增无减，其背后的动机很值得我们考证。美方自己宣称，进行知识产权调查的目标是保护美国知识产权产品不受侵害，是公平贸易的动机，但究竟是否公平贸易动机，需要我们利用实证研究来进行解决。或者说，哪些因素会影响美国发起知识产权调查？在不同的动机下这些影响因素对知识产权调查的影响是否存在异质性？下面我们分析不同动机下美国发起知识产权调查的影响机理。

一、贸易伙伴知识产权制度水平

在以美国为首的发达国家推动下，全球知识产权保护出现不断强化趋势。一方面，在立法方面强调与TRIPs协议接轨，要求各贸易伙伴修改其知识产权法律以符合要求；另一方面，要求贸易伙伴强化知识产权执法，加强知识产权实际保护。按照名义知识产权保护水平的常用指标GP指数测算❶，全球知识产权保护水平已经从1960年的1.26增加至2015年的3.37；而以实际知识产权保护水平指标世界经济论坛（WEF）❷公布的数据为例，全球实际知识产权保护水平从2007年的3.83增加到2017年的4.26。知识产权名义保护和实际保护的强化，意味着侵权产品被惩处的概率增加，理性的厂商会减少侵权产品的生产。按照一般的逻辑，如果美国宣称的知识产权保护是"公平贸易"动机，则贸易伙伴强化其知识产权保护，意味着贸易伙伴出口到美国的产品侵犯知识产权的概率也将下降，因此其在美国遭受知识产权调查的频次和概率也应该下降。但如果美国知识产权调查的动机本身就是保护贸易，则贸易伙伴的知识产权体系是否完善，知识产权保护水平是否提高，对美国是否对其发起知识产权调查不产生任何影响。

假说1： 贸易伙伴的知识产权保护越严格，意味着侵犯其他国家和地区知识产权的概率就越低。如果美国知识产权调查是基于公平贸易的，那么贸易伙伴的知识产权保护应当降低其被知识产权调查的频度和概率；而如果美国知识产权调查是基于保护贸易的，则贸易伙伴强化知识产权保护并不能显著降低其被知识产权调查的频度和概率。

二、美国国内宏观经济状况

按照美国发起知识产权调查的初衷，只看贸易伙伴有没有保护好美方的知

---

❶ 数据来源：http://fs2.american.edu/wgp/www/?_ga=2.148699639.1192375789.1529225935-1052318647.1529225935。

❷ 数据来源：http://reports.weforum.org/。

识产权，按照道理应该和美国的宏观经济状况没有关联。即只有贸易伙伴在知识产权保护方面不尽人意，才可能更多地遭遇美国知识产权调查。但如果出于"保护贸易"的动机，如果美国国内经济不景气，并将此归罪于贸易伙伴出口企业的竞争，从而通过加大对贸易伙伴的知识产权调查，对其出口造成障碍。

假说2：如果美国发起知识产权调查是基于"保护贸易"的动机，则美国国内宏观经济不景气将提升美国针对贸易伙伴的知识产权调查频度和概率；而如果美国发起知识产权调查是基于"公平贸易"的动机，则国内宏观经济状况与其对外发起知识产权调查的频度和概率没有直接关联。

三、贸易伙伴在美国的专利申请行为

随着全球知识产权保护意识的提高，为保障自己知识产权产品在美国不受侵权，更好地开拓美国市场，越来越多的国家和地区倾向于在美国国内申请专利。一方面，能够在美国申请专利，特别是发明专利，本身就是企业自身技术实力的一种体现；另一方面，也是给美国国内企业提供一个信号，贸易伙伴的知识产权保护意识也是比较高的。因此，如果美国发起知识产权调查出于"公平贸易"的动机，则贸易伙伴在美国的专利申请数量已经发出了其强知识产权保护的信号，也就应当相应降低其在美国遭遇知识产权调查的频次和概率。而如果贸易伙伴在美国申请专利的行为引起美国竞争企业的警觉，它们利用贸易伙伴企业对美国知识产权调查机制的不熟悉以及信息不对称，采用"策略性警示行动"，故意发起知识产权调查，将对手拉入诉讼泥潭，对其出口到美国市场产生阻碍，这样知识产权调查的动机就演变成为保护贸易。

假说3：如果是基于"保护贸易"的目的，则贸易伙伴在美国申请专利的行为将引致更多的知识产权调查；而如果是基于"公平贸易"的目的，则贸易伙伴在美国的专利申请行为与知识产权调查没有必然关联，甚至起到反向作用。

四、美国对贸易伙伴的出口依赖程度

一般而言，贸易双方如果都有从对方进口产品，则一方实施贸易救济时，就有可能遭受对方报复。因此，贸易伙伴对美国的出口相当于是交给美国的"人质"，美国对贸易伙伴的出口相当于是交给贸易伙伴的"人质"，因此如果双方出口额相当，拥有数量相近的贸易"人质"，则会彼此忌惮对方。美国对贸易伙伴的出口越多，进口越少，意味着美国对贸易伙伴的市场依赖较强，出于担忧对方进行贸易报复的考虑，则美国对贸易伙伴出口与进口之比越高，也越可能降低美国对该贸易伙伴发起知识产权调查的频度和概率。当然，这是建立在双方都能够利用知识产权武器的基础上。如果贸易伙伴在知识产权领域处于劣势，缺乏足够有效的反制手段，则出口依赖程度对美国发起知识产权调查的频度和概率影响不大。在后面的实证模型中本章选取的出口依赖程度指标是美国对贸易伙伴年度出口额与进口额之比。

假说4：如果贸易伙伴在知识产权方面具有与美国同等优势，则美国对贸易伙伴的出口依赖程度越高，则越可能降低贸易伙伴遭遇知识产权调查的频度和概率；若贸易伙伴在知识产权方面缺乏优势，则美国对贸易伙伴的依赖程度并不会降低贸易伙伴遭遇知识产权调查的频度和概率。

五、美国"特殊301报告"[1]对贸易伙伴的评价

美国强化知识产权保护的两条路径：其一，利用"337条款"实施知识产权调查，通过强化知识产权边境保护来快速有效地处理可能侵权的外国货物；

---

[1] 美国贸易代表办公室每年发布"特别301评估报告"，全面评价与美国有贸易关系的国家和地区的知识产权保护情况，并视其存在问题的程度，分别列入"重点名单""重点观察名单""一般观察名单"，以及"306条款监督名单"。对于被美国贸易代表办公室列入"重点名单"的国家和地区，公告后30天内对其展开6～9个月的调查并进行谈判，迫使贸易伙伴采取相应措施检讨和修正其政策，否则美国将采取贸易报复措施予以制裁；一旦被列入"306条款监督名单"，美国可不经过调查自行发动贸易报复；而被列入"重点观察名单""一般观察名单"则不会立即面临报复措施或要求磋商。

其二，利用"301条款"对贸易伙伴知识产权保护进行单边评价，以贸易报复为威胁迫使贸易伙伴遵从美国主导的知识产权规则。

美国《1984年贸易与关税法》第一次把"301条款"所辖的不公平贸易拓展至知识产权保护领域，美国《1988年综合贸易与竞争法》系统地将知识产权保护问题纳入"301条款"体系中。因其内容上的缘故，将其通称为"特别301条款"。该条款的核心是以双边谈判和贸易制裁的方式迫使其他国家或地区保护美国的知识产权，准许美国的知识产权产品进入其市场，并保护美国知识产权产品（李明德，2000）。依据该条款，每年由美国贸易代表发布"特别301条款"年度审查报告，就相关国家和地区对美国的知识产权保护状况进行评级并依次分为：重点名单、重点观察名单、一般观察名单。特别是被列入重点名单和重点观察名单的国家和地区，遭受美国贸易报复的可能性较大，因此这些国家和地区一般都会改进知识产权保护和知识产权市场准入有关的法律和政策。但我们发现：美国"301"报告的单边主义色彩非常浓厚，这可以从美方并不认可国际组织的评分看出端倪。例如，长期被列入重点名单的中国大陆，世界经济论坛（World Economic Forum，WEF）❶对其知识产权保护评分从2007年的3.42分提高到2017年的4.5分，其实际知识产权保护水平已经得到实质提高，但其遭遇知识产权调查的数量却逐年升高。即使是和美国知识产权保护水平相近的日本，其2017年知识产权保护水平已经和美国相当，但同样没有减少其遭受知识产权调查的频次。

假说5：不论出于什么动机，一旦被美国单边主义色彩极其浓厚的年度"301报告"列为重点名单、重点观察名单和一般观察名单，则将增加其在美国遭受知识产权调查的频度和概率。

根据以上的机理分析及研究假说，我们将不同动机下知识产权调查影响因素的预期符号汇总在表3-1中。当然，这些变量的影响方向及大小还有待我们后面的实证研究来确认。

---

❶ 数据来源于各年度世界经济论坛年度《全球竞争力报告》。

表3-1　各变量预期符号表

动机 变量	"公平贸易"目标	"保护贸易"目标
贸易伙伴知识产权制度水平	负向	无影响
美国国内宏观经济状况	无影响	负向
贸易伙伴在美国的专利申请行为	负向或无影响	正向
美国301报告对贸易伙伴的评价	正向	正向
美国对贸易伙伴的出口依赖程度	负向或无影响	负向或无影响

注：根据机理分析整理而得。

第三节　模型设定与数据说明

本章被解释变量为贸易伙伴当年遭受美国知识产权调查的频次，其值均为非负整数，区间为[0，19]。这种数据满足计数模型（count model）的特征，通常采用泊松（Poisson）及负二项回归（negative binomial）方法。Poisson回归要求方差均值相等，而该样本被解释变量方差与均值分别为9.545和1.4932，存在过度离散的情形，负二项回归将更为有效。同时我们发现，由于我们的样本存在大量零值（占比约为57.45%），使用简单泊松和负二项回归模型回归仍无法解决零值过多带来的过度离散（Lambert，1992）。而零膨胀泊松回归（Zero-Inflated Poisson，ZIP）和零膨胀负二项回归（Zero-Inflated Negative Binomial，ZINB）可以有效解决这一问题（Gurmu，Trivedi，1996；Cheung，2002）。然而，局限于实际应用层面的进展，ZIP和ZINB仍不能有效解决因零值过多导致过度离散的面板数据（He et al.，2014；Hilbe，2015）。

由于我们仅能观测到贸易对象真实遭遇知识产权调查的数据（非设限数据），而在样本中有大量贸易对象在特定年份并没有真实发生过知识产权调查，即其观测值为0（左设限数据），这是典型的左受限（left-censoring limit）为0的数据样本。因此，合理的方案应采用Tobit模型进行回归（Green，2011）。

一、基准模型设定

由于固定效应的Tobit模型无法获得个体异质性，无法进行条件最大似然估计，故采用随机面板Tobit模型（陈强，2014）。其计量方程如下

$$\text{number\_337}_{it} = x_{it}\beta + v_i + \varepsilon_{it} \tag{3-1}$$

式（3-1）中i表示涉案国家和地区，t代表涉案年份。v_i为随机效应项，满足$v_i \sim N(0, \sigma_v^2)$，扰动项$\varepsilon_{it} \sim N(0, \sigma_\varepsilon^2)$，且独立于$v_i$。$\text{number\_337}_{it}^o$表示可能设限的潜变量$\text{number\_337}_{it}$的观测值，在0处左设限满足，则有式（3-2）如下

$$\text{number\_337}_{it}^o = \begin{cases} \text{number}_{it}, & \text{number\_337}_{it} > 0 \\ 0, & \text{number\_337}_{it} \leqslant 0 \end{cases} \tag{3-2}$$

根据上文的影响机制分析及研究假设，基准模型（3-3）设定如下

$$\begin{aligned}\text{number\_337}_{it} = &\beta_0 + \beta_1 \ln\_ipr_{it} + \beta_2 tradehost_{it} + \beta_3 defirate_t + \beta_4 \ln\_appatent_{it} \\ &+ \beta_5 usad_{it} + \beta_6 keycounty_{it} + \beta_7 pwatchlist_{it} + \beta_8 watchlist_{it} + v_i + \varepsilon_{it}\end{aligned} \tag{3-3}$$

式（3-3）中number_337_{it}表示t年美国对贸易伙伴i发起的知识产权调查频次，$\ln\_ipr_{it}$表示贸易伙伴i在t年的知识产权保护水平对数值，$tradehost_{it}$表示美国对贸易伙伴i在年度t的出口额与进口额之比，$defirate_t$表示t年美国贸易赤字增长率，$\ln\_appatent_{it}$表示贸易伙伴i在t年申请美国专利数量的对数值，$usad_{it}$表示t年美国对贸易伙伴i发起的反倾销频次，$keycountry_{it}$为特殊301报告"重点名单"虚拟变量，若贸易对象i在t年被列入"重点名单"，则设为1，否则为0；$pwatchlist_{it}$为特殊301报告"重点观测名单"虚拟变量，若贸易对象i在t年被列入"重点观察名单"，则设为1，否则为0；$watchlist_{it}$为特殊301报告"一般观察名单"虚拟变量，若贸易对象i在t年被列入"一般观察名单"，则设为1，否则为0。

二、数据来源及处理说明

根据数据的可获得性，本章选取的时间区间为2005~2015年。被解释变量

美国对贸易伙伴发起的知识产权调查频次（number_337）数据来源于美国国际贸易委员会（USITC）不公平进口调查信息系统❶；知识产权保护水平（ipr）来源于世界经济论坛（WEF）发布的年度《世界竞争力报告》（The Global Competitiveness Report）；美国贸易赤字增长率（defirate）来源于世界银行WDI（World Development Indicators）数据库；美国国内生产总值（usgdp）、美国年度失业率（unemrate）数据来源于美国劳工统计局❷；美国对贸易伙伴年度出口额与进口额之比（tradehost）计算所需原始数据来源于美国商务部经济分析局（U.S. Bureau of Economic Analysis，BEA）；贸易伙伴在美国专利申请量（appatent）、贸易伙伴在美国发明专利授权量（adpatent）、贸易伙伴在美国专利授权量（aadpatent）数据来源于美国专利商标局❸；美国对贸易伙伴发起反倾销频次（usad）数据来源于世界贸易组织反倾销数据库❹；各年度"重点名单"（keycountry）❺、"重点观察名单"（pwatchlist）和"一般观察名单"（watchlist）虚拟变量数据来源于美国贸易代表处（USTR）发布的年度"特殊301报告"。实证相关变量的含义及统计性描述如表3-2所示。

表3-2　变量及统计特征描述

变量	变量含义	样本量	均值	标准差	最小值	最大值
number_337	美国对贸易伙伴发起的知识产权调查频次	517	1.4932	3.0895	0	19
ln_ipr	世界经济论坛发布的知识产权保护水平对数值	517	1.4625	0.3036	0.3051	1.8686

❶ 数据来源网址：https://pubapps2.usitc.gov/337external/。

❷ 数据来源网址：www.bls.gov/cps/documentation.htm#comp。

❸ 数据来源网址：https://www.uspto.gov/patents-application-process/search-patents。

❹ 数据来源：https://www.wto.org/english/tratop_e/adp_e/adp_e.htm。

❺ 包括306条款监督。"306条款监督"制度是广义的"301条款"的一个组成部分。该条款授予美国政府在监督贸易伙伴执行知识产权协议时，若发现其没有令人满意地执行协议中的条款，则可将其列入"306条款监督国家"。一旦被列入"306条款监督"名单，美国可以不经过调查和谈判自行发动包括贸易制裁在内的贸易报复措施。从这个意义上来说，列入"306"条款监督名单的严厉性和威胁性甚至超过了"特殊301报告"的"重点国家和地区"。

续表

变量	变量含义	样本量	均值	标准差	最小值	最大值
defirate	美国贸易赤字增长率	517	0.0026	0.1833	−0.4585	0.2889
ln_usgdp	美国国内生产总值对数值	517	30.3605	0.0939	30.2032	30.5234
unemrate	美国年度失业率	517	6.8182	1.8397	4.6	9.6000
tradehost	美国对贸易伙伴年度出口额与进口额之比	517	1.876	3.9467	0.0498	36.8431
ln_appatent	贸易伙伴在美国专利申请量对数值	517	5.9479	2.9859	0	11.3929
ln_adpatent	贸易伙伴在美国发明专利授权量对数值	517	5.0149	2.9179	0	10.8939
ln_aadpatent	贸易伙伴在美国专利授权量对数值	517	5.1943	2.8951	0	10.9332
usad	美国对贸易伙伴发起反倾销频次	517	0.3946	1.2494	0	12
keycountry	"重点名单" 虚拟变量	517	0.0251	0.1567	0	1
pwatchlist	"重点观察名单" 虚拟变量	517	0.1412	0.3486	0	1
watchlist	"一般观察名单" 虚拟变量	517	0.2379	0.4262	0	1

资料来源:各变量数据来源详见文中说明。

第四节　实证结果分析

考虑到 Tobit 回归系数并不具有特定的经济含义(Woodridge，2003)，本章将回归系数转化为体现数量效应(quantity effect)或概率效应(probability effect)的边际效应(marginal effect)进行解释❶。边际效应反映贸易对象遭受美国知识产权调查的频次受解释变量的影响程度，概率效应反映贸易对象遭受美国知识产权调查概率受解释变量的影响程度。

---

❶ 统计性描述显示，美国对贸易伙伴知识产权调查频次的最大值为19，故计算边际效应和概率效应的设限区间为[0, 19]。

一、基准回归

表3-3报告了以贸易对象遭受美国知识产权调查频次为被解释变量的基准回归结果。模型1是仅仅引入重点名单（keycountry）虚拟变量的随机面板Tobit回归估计结果，模型2、模型3、模型4则将虚拟变量重点观察名单（pwatchlist）和一般观察名单（watchlist）引入随机面板Tobit回归模型。不同的是，模型2引入的是贸易伙伴在美国发明专利申请量的对数值（ln_appatent），模型3引入的是贸易伙伴在美国发明专利授权量的对数值（ln_adpatent），而模型4则引入的是贸易伙伴在美国专利申请总量的对数值（lnaadpatent）。回归结果显示，美国年度贸易赤字、贸易伙伴在美国的专利申请总量、发明专利申请量以及发明专利授权量、被301报告列为"重点名单"将显著提升贸易对象在美国遭受知识产权调查的频次和概率。而贸易伙伴知识产权保护水平、美国对贸易伙伴年度出口额与进口额之比、美国对贸易伙伴发起的反倾销频次、被301报告列为"观察名单"和"重点观察名单"均在统计意义上未能对知识产权调查的频次和概率产生影响。为简化起见，我们以模型2的回归结果做进一步说明。

表3-3　全球样本回归结果：基准回归

变量	模型1	模型2	模型3	模型4
ln_ipr	−2.107 （1.3271） [−0.7639] {−0.1908}	−1.7468 （1.3732） [−0.6334] {−0.1583}	−1.6239 （1.3173） [−0.59] {−0.1452}	−1.6265 （1.3207） [−0.5911] {−0.1463}
defirate	2.2997*** （0.861） [0.8338] {0.2082}	2.2506*** （0.8565） [0.8161] {0.204}	2.0142** （0.8572） [0.7318] {0.1801}	2.1031** （0.8577） [0.7643] {0.1892}

续表

变量	模型1	模型2	模型3	模型4
tradehost	0.0681 (0.0767) [0.0247] {0.0062}	0.0791 (0.0777) [0.0287] {0.0072}	0.0466 (0.075) [0.0169] {0.0042}	0.053 (0.0747) [0.0192] {0.0048}
ln_appatent	1.0184*** (0.1553) [0.3692] {0.0922}	1.016*** (0.1573) [0.3684] {0.0921}	—	—
ln_adpatent	—	—	1.0436*** (0.1485) [0.3792] {0.0933}	—
ln_aadpatent	—	—	—	1.0518*** (0.1511) [0.3822] {0.0946}
usad	0.221 (0.1712) [0.0801] {0.02}	0.1966 (0.1729) [0.0713] {0.0178}	0.1803 (0.1728) [0.0655] {0.0161}	0.1765 (0.173) [0.0642] {0.0159}
keycountry	5.3114*** (1.8536) [1.9257]	5.4121*** (1.8855) [1.9626]	5.7591*** (1.8545) [2.0923]	5.7601*** (1.8521) [2.0932]
pwatchlist	—	0.5584 (0.7429) [0.2025]	0.6874 (0.7362) [0.2497]	0.6599 (0.7368) [0.2398]
watchlist	—	0.6334 (0.5285) [0.2297]	0.8504 (0.5282) [0.309]	0.7802 (0.5279) [0.2835]

续表

变量	模型1	模型2	模型3	模型4
cons	−3.8349**	−4.5871***	−3.9823**	−4.1933**
	(1.6359)	(1.7708)	(1.7687)	(1.7606)
rho	0.3637	0.3754	0.365	0.3615
LR test	79.98	76.9	74.51	71.75
	(0.0000)	(0.0000)	(0.0000)	(0.0000)
obs.	517	517	517	517
left-censored	297	297	297	297
uncensored	220	220	220	220

注：（1）解释变量回归系数下面小括号报告的是delta-method标准误，中括号报告的是非设限观测值的数量边际效应，大括号中为非设限概率边际效应。（2）***、**和*分别表示1%、5%和10%的水平上统计显著。

1.贸易伙伴知识产权保护水平

贸易伙伴知识产权保护水平的提升对其遭受的知识产权调查的边际效应和概率效应影响并不显著。在全球强化知识产权保护的潮流下，发达国家和地区与发展中国家和地区都主动或被动强化知识产权保护。如果按照美国知识产权调查宣称的"公平贸易"目标，贸易伙伴实际知识产权保护的加强应该要弱化其被知识产权调查的频次和概率。但实际上，贸易对象强化知识产权保护并没有弱化被调查频度和概率的目的，这意味着贸易对象在知识产权保护方面的完善和强化并没有得到美国认可。也就是说，美国的知识产权调查已经偏离"公平贸易"，实质上走向"保护贸易"目标。

2.美国贸易赤字

模型2显示，美国贸易赤字增加显著地提升了贸易伙伴遭遇知识产权调查的频次和概率。美国贸易赤字每增加1个百分点，贸易伙伴遭受知识产权调查的频次会增加0.8161次，概率上升20.4%。贸易对象遭遇知识产权调查的频次和概率与美国年度贸易赤字的高度关联性使我们有理由怀疑其存在"贸易保护"的动机，至少在某种程度上美国希望借助知识产权调查来降低其与贸易对象的贸易赤字。

3. 美国对贸易伙伴年度出口额与进口额之比

模型2显示，美国对贸易伙伴年度出口额与进口额之比对贸易伙伴遭遇知识产权调查的影响并不显著。即在知识产权调查中，国际贸易的"人质效应"并不存在。这并不难理解，传统的贸易救济方式，例如反倾销，其他贸易伙伴的报复反制措施也比较完善，这种"针尖对麦芒""以牙还牙"的策略使得贸易双方都对自己的行为有所克制。而在知识产权领域，由于美国具有绝对优势，其他贸易伙伴特别是发展中国家和地区很难有反制手段对付美国的知识产权调查。

4. 贸易伙伴在美国的专利申请量

模型2显示，贸易伙伴增加在美国专利申请将显著提升其遭遇知识产权调查的频次和概率。回归结果表明，贸易伙伴在美国发明专利申请每提升1个百分点，其在美遭遇知识产权调查的频次增加0.3684次，调查概率增加9.21%。而且，当我们把指标替换成贸易伙伴在美国专利授权量和发明专利授权量时，其结论仍然成立。模型3的结果显示，贸易伙伴在美国发明专利授权量增加1个百分点，在美遭遇知识产权调查的频次增加0.3792次，调查概率增加9.33%；模型4的结果显示，贸易伙伴在美国专利授权量增加1个百分点，在美遭遇知识产权调查的频次增加0.3822次，调查概率增加9.46%。按照常理，能够在美国提出专利申请并得到授权，这既是贸易伙伴尊重知识产权的一种信号表示，也是贸易伙伴技术实力的一个体现，如果美国知识产权调查是"公平贸易"导向的，理应降低其遭遇知识产权调查的频次和概率；但结果却相反，提高了对贸易伙伴知识产权调查的频次和概率。我们的解释是，贸易伙伴在美国专利申请量的增加，随之而来的应该是更大规模地进入美国市场，这对美国本地企业来说是个威胁。由于知识产权调查具有信息不对称的特点，将对手拉入不甚熟悉的知识产权诉讼可以延缓甚至完全阻挡对手进入美国市场，这时知识产权调查已经成为美国企业的一种策略性警示行动。从这个意义上来说，知识产权调查的功能已经完全异化，成为实质上的一种贸易壁垒。

5. 美国对贸易伙伴发起的反倾销频次

模型2结果显示，从世界样本来看，美国对贸易伙伴发起反倾销并不影响其遭受知识产权调查的频次和概率，表3-3其他模型的回归结果也一致。这说明，在我们选择的样本范围内，贸易伙伴遭遇反倾销调查与其是否遭受知识产权调查之间不存在替代或互补关系。

6. 美国301报告中的"重点名单""重点观察名单"和"一般观察名单"

模型2显示，一旦贸易伙伴被列为"重点名单"，将增加知识产权调查的频次1.9626次。由于"重点名单"为虚拟变量，此处仅给出数量边际结果。对于虚拟变量而言，我们看重的是其对调查频次的数量影响结果，这个比概率影响结果更直观，更易于解释。而被列为"重点观察名单"和"一般观察名单"在统计意义上没有显著提升其被知识产权调查的频次。

二、分区域回归

通过整理本章样本数据发现，美国对贸易伙伴共发起知识产权调查772起。其中针对发达国家和地区共发起知识产权调查450起，占比58.29%；针对发展中国家和地区共发起知识产权调查322起，占比41.71%。同时，美国与贸易对象进出口额、贸易伙伴知识产权保护水平、贸易伙伴在美国的专利申请授权数量等变量，在发达国家和地区与发展中国家和地区之间存在较大的异质性。基于以上事实，我们根据经济发展水平将样本划分为发达国家和地区与发展中国家和地区❶进行分区域回归。

1. 发达国家和地区样本

表3-4的回归结果显示，美国年度贸易赤字、发达国家和地区在美国的专

---

❶ 样本涉及的发达国家和地区有：日本、中国香港特别行政区、韩国、新加坡、以色列、德国、英国、法国、荷兰、意大利、瑞士、瑞典、西班牙、芬兰、丹麦、比利时、奥地利、爱尔兰、葡萄牙、卢森堡、加拿大、澳大利亚、新西兰、阿联酋、挪威。样本涉及的发展中国家和地区有：中国台湾地区、中国大陆、马来西亚、菲律宾、印度、泰国、印度尼西亚、巴基斯坦、乌克兰、墨西哥、巴西、智利、巴拿马、土耳其、哥斯达黎加、越南、秘鲁、危地马拉、吉尔吉斯斯坦、摩尔多瓦、尼加拉瓜、毛里求斯。

利申请量、发明专利申请量及发明专利授权量、美国对贸易伙伴年度出口额与进口额之比将显著提升发达国家和地区在美国遭受知识产权调查的频次和概率。而发达国家和地区的知识产权保护水平、美国对发达国家和地区发起的反倾销频次、被301报告列为"一般观察名单"和"重点观察名单"均在统计意义上未能对知识产权调查的频次和概率产生影响。为简化及对比研究起见，我们以表3-4中模型2的回归结果做进一步说明：

表3-4 发达国家和地区回归结果

变量	模型1	模型2	模型3	模型4
ln_ipr	−1.1337 (2.2484) [−0.4839] {−0.1204}	−1.0397 (2.2616) [−0.4444] {−0.1101}	−0.7298 (2.2792) [−0.3103] {−0.078}	−0.7436 (2.2444) [−0.3177] {−0.079}
defirate	1.0339 (0.931) [0.4414] {0.1098}	1.0503 (0.9286) [0.4489] {0.1112}	0.6967 (0.9337) [0.2962] {0.0744}	0.7904 (0.9332) [0.3377] {0.084}
tradehost	0.4476** (0.1828) [0.1911] {0.0475}	0.4458** (0.1841) [0.1905] {0.0472}	0.4232** (0.1869) [0.1799] {0.0452}	0.4606** (0.184) [0.1968] {0.0489}
ln_appatent	1.5578*** (0.2276) [0.665] {0.1655}	1.5503*** (0.229) [0.6626] {0.1642}	—	—
ln_adpatent	—	—	1.3918*** (0.2113) [0.5916] {0.1487}	—

变量	模型1	模型2	模型3	模型4
ln_aadpatent	—	—	—	1.4658*** (0.2141) [0.6263] {0.1557}
usad	−0.3108 (0.2933) [−0.1327] {−0.033}	−0.3027 (0.2929) [−0.1294] {−0.0321}	−0.3212 (0.2955) [−0.1365] {−0.0343}	−0.3173 (0.2955) [−0.1356] {−0.0337}
keycountry	—	—	—	—
pwatchlist	—	0.595 (1.1195) [0.2543]	0.9321 (1.122) [0.3962]	0.9076 (1.1178) [0.3878]
watchlist	—	−0.0162 (0.6296) [−0.0069]	0.2604 (06328) [0.1107]	0.241 (0.6306) [0.103]
cons	−10.2812** (4.2543)	−10.3957** (4.2761)	−8.3681** (4.1873)	−9.1358** (4.155)
rho	0.2979	0.3041	0.3111	0.2954
LRtest	36.55 (0.0000)	36.08 (0.0000)	36.23 (0.0000)	33.09 (0.0000)
obs.	275	275	275	275
left-censored	127	127	127	127
uncensored	148	148	148	148

注：（1）解释变量回归系数下面小括号报告的是delta-method标准误，中括号报告的是非设限观测值的数量边际效应，大括号中为非设限概率边际效应。（2）***、**和*分别表示1%、5%和10%的水平上统计显著。

第一，对于发达国家和地区而言，强化知识产权保护并没有起到弱化被调查的频度。与全球样本回归结果一致，即使是经济发达、知识产权保护水平较高的发达国家和地区，其强化知识产权保护也不能起到降低其遭遇知识产权调查的作用。

第二，对于发达国家和地区而言，美国贸易赤字的增加对其遭遇知识产权调查的影响不显著。这跟全球样本及与表3-5中发展中国家和地区回归样本明显不同。可能的原因是：尽管和发达国家和地区的贸易总体量很大，不过对美贸易相对比较平衡；美国的贸易逆差主要来自于发展中国家和地区，例如中国大陆等。

第三，对于发达国家和地区而言，美国对其年度出口量与进口量之比显著提升其遭遇知识产权调查的频次和概率。美国对发达国家和地区年度出口量与进口量之比每增加1个百分点，发达国家和地区遭遇知识产权调查的频次提升0.1905次，概率提高4.72%。这意味着，在发达国家和地区样本中不仅没有发现"人质效应"的存在，而且发现了非常反常的现象：即在控制其他变量的情况下，美国对发达国家和地区出口越多，这些国家和地区反而更容易遭遇知识产权调查。这可能由以下两个原因导致：其一，发达国家和地区的产业结构和美国比较接近，美国出口的高技术密集型产品在其他发达国家和地区更容易被模仿。按照弗农（Vernon，1966）的产品周期理论，其他发达国家和地区资本充裕，且人均收入更高，是美国新产品的首选出口对象。这样，在美国研发的高科技的新产品一旦出口到这些国家和地区，不可避免地就存在模仿威胁。其二，美国在创新和知识产权方面存在的绝对优势，其他发达国家和地区在这方面缺乏有效的制衡手段。

第四，对于发达国家和地区而言，在美发明专利申请将显著提升其遭遇知识产权调查的频次和概率。发达国家和地区在美发明专利申请每增加1个百分点，其遭遇知识产权调查的频次提升0.6626次，概率提高16.42%。回归结果也高于表3-3全球样本回归的数量边际效应和概率边际效应。这是因为，总体上看，发达国家和地区样本在美国申请的发明专利数量高于发展中国家和地区，美国相关企业感受的威胁也更大，在"策略性警示行为"的作用下，对其他发达国家和地区发起知识产权调查的数量和概率也将大大增加。

第五，对于发达国家和地区而言，遭遇反倾销调查对其遭遇知识产权调查在统计意义上不显著。这与全球样本一致，发达国家和地区遭遇反倾销调查和其遭遇知识产权调查之间不存在必然关联性。

第六，被美国301报告列为"一般观察名单"和"重点观察名单"的发达国家和地区，对其遭遇知识产权调查的影响并不显著。必须指出的是，在样本时间区间内，发达国家和地区均没有被列为"重点名单"。而实证研究结果表明，被列为"重点观察名单"和"一般观察名单"的发达国家和地区，也不是美国发起知识产权调查的直接原因。

2.发展中国家和地区样本

表3-5的回归结果显示，美国年度贸易赤字、发展中国家和地区在美国的专利申请量、专利授权量以及发明专利授权量、美国对发展中国家和地区发起的反倾销频次以及被列入"重点名单"将显著提升其在美国遭受知识产权调查的频次和概率。而发展中国家和地区知识产权保护水平、美国对贸易伙伴年度出口额与进口额之比、被301报告列为"一般观察名单"和"重点观察名单"均在统计意义上未能对知识产权调查的频次和概率产生影响。为简化及对比研究起见，我们以表3-5中模型2的回归结果做进一步说明：

第一，对于发展中国家和地区而言，强化知识产权保护并没有起到降低遭遇知识产权调查频次的作用。表3-3、表3-4和表3-5的回归结果表明，美国对于发达国家和地区、发展中国家和地区的知识产权保护实施的是无差别待遇，也就是不认可发展中国家和地区贸易伙伴在知识产权保护方面的努力。

第二，对于发展中国家和地区而言，美国贸易赤字的增加显著地提升了其遭遇知识产权调查的频次和概率。表3-5的模型2显示，美国贸易赤字每上升1个百分点，发展中国家和地区遭遇知识产权调查的频次增加1.9293次，概率增加44.9%。这不同于发达国家和地区的回归结果，且明显高于全球样本的回归结果。我们发现，美国对日本、德国等发达国家和地区虽有贸易逆差，但其贸易逆差主要来自于中国大陆、墨西哥、马来西亚、韩国、中国台湾地区等发展中国家和地区，如果从平衡贸易逆差的角度考虑，加大对发展中国家和地区进行知识产权调查也就不足为奇。

第二，对于发展中国家和地区而言，美国对其年度出口量与进口量之比并不能显著降低其遭遇知识产权调查的频次和概率。与全球样本和发达国家和地区样本回归结果一致，在发展中国家和地区中也没有发现知识产权调查中存在"人质效应"。这个结果不难理解，实证样本中发达国家和地区比发展中国家和地区的技术优势更明显，但对美国知识产权调查也没有更好的反制措施，发展中国家和地区反制手段更为缺乏。

第四，对于发展中国家和地区，在美国发明专利申请增加将显著提升其遭遇知识产权调查的频次和概率。发展中国家和地区在美发明专利申请每增加1个百分点，其遭遇知识产权调查的频次提升0.2622次，概率提高6.1%。其数量边际效应和概率边际效应明显低于表3-3全球样本和表3-4发达国家和地区样本的回归结果。这说明，针对发展中国家和地区的策略性警示行为仍然存在，只是发展中国家和地区在美国发明专利申请在总量上低于发达国家和地区，其对美国本土企业的技术威胁要小一些，所以遭遇知识产权调查的数量效应和概率效应也低一些。

表3-5　发展中国家和地区回归结果

变量	模型1	模型2	模型3	模型4
ln_ipr	1.2532	1.4313	1.142	1.2715
	(2.3648)	(2.4007)	(2.3051)	(2.2972)
	[0.3731]	[0.4266]	[0.3401]	[0.3787]
	{0.0868}	{0.0993}	{0.0759}	{0.0855}
defirate	6.5892***	6.473***	6.3998***	6.5451***
	(1.9902)	(2.0192)	(2.0267)	(2.0334)
	[1.9619]	[1.9293]	[1.906]	[1.9493]
	{0.4564}	{0.449}	{0.4252}	{0.4399}
tradehost	0.0318	0.0473	0.0246	0.0268
	(0.0924)	(0.0938)	(0.0873)	(0.0872)
	[0.0095]	[0.0141]	[0.0073]	[0.008]
	{0.0022}	{0.0033}	{0.0016}	{0.0018}

续表

变量	模型1	模型2	模型3	模型4
ln_appatent	0.8814*** (0.2284) [0.2624] {0.0611}	0.8798*** (0.249) [0.2622] {0.061}	—	—
ln_adpatent	—	—	1.0594*** (0.236) [0.3155] {0.0704}	—
ln_aadpatent	—	—	—	1.0464*** (0.2407) [0.3116] {0.0703}
usad	0.5841** (0.2434) [0.1739] {0.0405}	0.5923** (0.2569) [0.1765] {0.0411}	0.5919** (0.2555) [0.1763] {0.0393}	0.587** (0.2564) [0.1748] {0.0395}
keycountry	4.7347** (2.1266) [1.4097]	5.064** (2.1717) [1.5093]	5.1055** (2.0587) [1.5205]	5.1185** (2.0619) [1.5244]
pwatchlist	—	−0.1615 (1.398) [−0.0481]	−0.4689 (1.3186) [−0.1397]	−0.5284 (1.349) [−0.1574]
watchlist	—	0.8436 (1.1156) [0.2514]	0.8099 (1.0522) [0.2412]	0.6638 (1.0754) [0.1977]
cons	−7.5295*** (2.7582)	−8.0868*** (2.8462)	−7.3784*** (2.7771)	−7.6212*** (2.7634)
rho	0.282	0.2986	0.2486	0.2473
LRtest	17.82 (0.000)	9.61 (0.001)	7.52 (0.003)	6.99 (0.004)
obs.	242	242	242	242
left-censored	170	170	170	170

变量	模型1	模型2	模型3	模型4
uncensored	72	72	72	72

注：（1）解释变量回归系数下面小括号报告的是delta-method标准误，中括号报告的是非设限观测值的数量边际效应，大括号中为非设限概率边际效应。（2）***、**和*分别表示1%、5%和10%的水平上统计显著。

第五，对于发展中国家和地区而言，遭遇反倾销调查的同时也进一步提升了其遭遇知识产权调查的频次和概率。表3-5模型2的回归结果表明，发展中国家和地区遭遇反倾销调查每增加1个单位，则其遭受知识产权调查的频次增加0.1765次，概率增加4.11%。这表明，发展中国家遭受美国反倾销调查与遭遇知识产权调查之间存在互补性，即发展中国家和地区遭遇的是美国在贸易救济方面的立体全方位打击。这说明在与美国的贸易争端中，发展中国家和地区的处境比发达国家和地区更糟糕。

第六，对于发展中国家和地区而言，被列为"一般观察名单"和"重点观察名单"对知识产权调查的影响并不显著；但被列为"重点名单"，将显著增加其被知识产权调查的频度。和发达国家和地区样本存在的一个显著不同是，在实证样本时间区间内，发达国家和地区都没有被列为"重点名单"。

三、剔除中国样本

2005~2015年，美国针对中国大陆共发起150起知识产权调查，占实证样本调查案件数量的29%。美国国际贸易委员会的资料显示，中国大陆已经连续多年位居知识产权调查首位。这让我们怀疑美国对中国大陆的知识产权调查中是否存在歧视？为考察是否存在这种效应，我们剔除中国大陆样本，实证分析余下样本中知识产权调查影响因素与全球样本是否存在不同之处。

表3-6的回归结果显示，除了"重点名单"虚拟变量变得不再显著之外，

其他变量对知识产权调查数量的影响的方向和显著性跟表3-3保持一致。美国年度贸易赤字、贸易伙伴在美国的专利申请量、专利授权量以及发明专利授权量将提升贸易伙伴在美国遭受知识产权调查的频次和概率。而贸易伙伴知识产权保护水平、美国对贸易伙伴年度出口额与进口额之比、美国对贸易伙伴发起的反倾销频次、被301报告列为"一般观察名单"和"重点观察名单"均在统计意义上未能对知识产权调查的频次和概率产生影响。

在数量边际效应和概率边际效应方面，剔除中国大陆后，表3-3模型2的回归结果显示，美国年度贸易赤字因素对知识产权调查影响效应在变小，在美发明专利申请量的影响效应变化不大。表3-6模型2中，美国年度贸易赤字的边际效应下降为0.612次，概率效应降至17.27%；贸易伙伴在美发明专利申请量的边际影响效应为0.3399次，概率效应为9.59%。301报告列入"重点名单"并没有显著提升其遭受知识产权调查的概率。我们发现，当剔除中国大陆后，只有乌克兰在2005年和2013年被列入"重点名单"，这说明针对中国大陆的知识产权调查存在一定歧视性。

表3-6　剔除中国样本回归结果

变量	模型1	模型2	模型3	模型4
ln_ipr	−2.0329 (1.2607) [−0.7074] {−0.1998}	−2.004 (1.2958) [−0.6968] {−0.1966}	−1.9123 (1.2398) [−0.6681] {−0.1843}	−1.8892 (1.2466) [−0.6595] {−0.1835}
defirate	1.7855** (0.8138) [0.6213] {0.1755}	1.7601** (0.8158) [0.612] {0.1727}	1.5171* (0.8141) [0.53] {0.1462}	1.6114** (0.8157) [0.5625] {0.1565}
tradehost	0.066 (0.0722) [0.023] {0.0065}	0.0723 (0.0726) [0.0251] {0.0071}	0.0423 (0.0699) [0.0148] {0.0041}	0.047 (0.0698) [0.0164] {0.0046}

变量	模型1	模型2	模型3	模型4
ln_appatent	0.9669*** (0.1496) [0.3365] {0.095}	0.9777*** (0.1498) [0.3399] {0.0959}	—	—
ln_adpatent	—	—	1.0165*** (0.1419) [0.3551] {0.098}	—
ln_aadpatent	—	—	—	1.0152*** (0.1444) [0.3544] {0.0986}
usad	−0.0126 (0.2216) [−0.0044] {−0.0012}	−0.0051 (0.2224) [−0.0018] {−0.0005}	−0.0503 (0.2223) [−0.0176] {−0.0048}	−0.0399 (0.2226) [−0.0139] {−0.0039}
keycountry	−10.1612 (292.238) [−3.5359]	−10.1063 (291.605) [−3.5139]	−9.7805 (293.704) [−3.4169]	−9.8036 (295.716) [−3.4222]
pwatchlist	—	−0.3035 (0.7401) [−0.1055]	−0.1377 (0.7332) [−0.0481]	−0.1725 (0.7342) [−0.0602]
watchlist	—	0.3207 (0.5019) [0.1115]	0.5502 (0.5012) [0.1922]	0.4742 (0.5015) [0.1655]
cons	−3.5081** (1.544)	−3.6797** (1.6676)	−3.1191* (1.6626)	−3.312** (1.6598)
rho	0.3661	0.3617	0.3539	0.3506
LRtest	86.86 (0.0000)	79.94 (0.0000)	78.35 (0.0000)	75.58 (0.0000)

变量	模型1	模型2	模型3	模型4
obs.	506	506	506	506
left-censored	297	297	297	297
uncensored	209	209	209	209

注：（1）解释变量回归系数下面小括号报告的是delta-method标准误，中括号报告的是非设限观测值的数量边际效应，大括号中为非设限概率边际效应。（2）***、**和*分别表示1%、5%和10%的水平上统计显著。

四、考虑自由贸易协定

自由贸易协定（Free Trade Agreement，FTA）是指两个以上的国家或地区为缔结的意在促进经济一体化，消除贸易壁垒，允许产品与服务在国家和地区间自由流动的具有法律约束力的契约。本部分我们考虑贸易伙伴与美国签订FTA是否对其遭遇知识产权调查产生一定的抑制效果。

表3-7的回归结果显示，不管是世界样本、发达国家和地区及发展中国家和地区的样本，都发现与美国签署FTA对其遭遇知识产权调查影响不显著。这说明，即使与美国签署自由贸易协定，也不能对遭遇知识产权调查起到抑制作用。究其原因，可能是这些FTA协定主要涉及货物贸易的关税和非关税减免、贸易便利化措施以及要素自由流动等，涉及双边知识产权保护的并不多见。

表3-7 考虑自由贸易协定的回归结果

变量	世界	发达国家和地区	发展中国家和地区
FTA	−0.367 （0.7104） [−0.1331] {−0.0332}	−0.6543 （0.8608） [−0.2796] {−0.0696}	−0.4382 （1.1302） [−0.1308] {−0.0304}

续表

变量	世界	发达国家和地区	发展中国家和地区
ln_ipr	−1.7772 (1.3755) [−0.6446] {−0.161}	−1.2165 (2.2691) [−0.5199] {−0.1295}	1.5186 (2.4115) [0.4533] {0.1054}
defirate	2.2377*** (0.8554) [0.8117] {0.2027}	1.0559 (0.9259) [0.4512] {0.1124}	6.3755*** (2.0203) [1.9031] {0.4426}
tradehost	0.0809 (0.0777) [0.0293] {0.0073}	0.4536** (0.1839) [0.1939] {0.0483}	—
ln_appatent	1.0144*** (0.1576) [0.368] {0.0919}	1.5751*** (0.2307) [0.6731] {0.1676}	0.8577*** (0.2563) [0.256] {0.0595}
usad	0.1983 (0.1726) [0.0719] {0.018}	−0.2652 (0.2956) [−0.1133] {−0.0282}	0.5812** (0.2569) [0.1735] {0.0403}
keycountry	5.3178*** (1.8969) [1.9289]	—	5.0481** (2.184) [1.5069]
pwatchlist	0.579 (0.743) [0.21]	0.7627 (1.1357) [0.3259]	−0.0718 (1.4042) [−0.0214]
watchlist	0.6439 (0.5283) [0.2336]	−0.0515 (0.6299) [−0.022]	0.9607 (1.1437) [0.2868]
cons	−4.4591** (1.7903)	−10.1891** (4.279)	−8.0459*** (2.8533)
rho	0.3786	0.3053	0.3085

续表

变量	世界	发达国家和地区	发展中国家和地区
LRtest	76.71 (0.0000)	36.54 (0.0000)	9.01 (0.001)
obs.	517	275	242
left-censored	297	127	170
uncensored	220	148	72

注：（1）解释变量回归系数下面小括号报告的是delta-method标准误，中括号报告的是非设限观测值的数量边际效应，大括号中为非设限概率边际效应。（2）***、**和*分别表示1%、5%和10%的水平上统计显著。

同时，我们发现，加入FTA变量❶后，其他变量回归系数的符号及显著性与表3-4、表3-5和表3-6的结果仍然保持一致，这进一步说明回归模型的稳健性良好。

五、其他宏观经济变量回归

我们以宏观经济变量指标美国GDP年增长率usgdp和美国年度失业率unemrate替代贸易赤字引入回归模型。这样做目的有两个：其一，测试其他宏观经济指标是否对美国发起的知识产权调查产生影响；其二，其他变量的回归结果是否发生变化，以进一步检验模型的稳健性。

第一，美国GDP增长率的变化对其发起知识产权调查的影响不显著。表3-8中的模型1和模型2中美国GDP增长率的回归系数都没有通过显著性检验。

表3-8 美国GDP增长率、失业率反映国内宏观经济状况的回归结果

变量	模型1	模型2	模型3	模型4
ln_ipr	−2.2518* (1.3435) [−0.8148] {−0.203}	−1.855 (1.3955) [−0.671] {−0.1675}	−1.8205 (1.3743) [−0.6588] {−0.1658}	−1.4593 (1.417) [−0.5281] {−0.1329}

---

❶ 数据来源：https://www.wto.org/english/tratop_e/region_e/rta_participation_map_e.htm。

续表

变量	模型1	模型2	模型3	模型4
ln_usgdp	−0.6336 (1.6449) [−0.2292] {−0.0571}	−0.3046 (1.6613) [−0.1102] {−0.0275}	—	—
unemrate	—	—	0.1046 (0.0841) [0.0379] {0.0095}	0.101 (0.084) [0.0365] {0.0092}
tradehost	0.0665 (0.0793) [0.0241] {0.006}	0.0756 (0.0803) [0.0274] {0.0068}	0.0472 (0.0793) [0.0171] {0.0043}	0.0594 (0.0803) [0.0215] {0.0054}
ln_appatent	1.0368*** (0.1606) [0.3752] {0.0935}	1.0283*** (0.1632) [0.3719] {0.0928}	0.9755*** (0.1618) [0.353] {0.0888}	0.9751*** (0.1637) [0.3528] {0.0888}
usad	0.1581 (0.1735) [0.0572] {0.0142}	0.1294 (0.1758) [0.0468] {0.0117}	0.1661 (0.1705) [0.0601] {0.0151}	0.1444 (0.1724) [0.0523] {0.0132}
keycountry	5.5133*** (1.8796) [1.9949] {0.4969}	5.6567*** (1.914) [2.0461]	5.5941*** (1.8705) [2.0244] {0.5094}	5.7209*** (1.9022) [2.0702]
pwatchlist	—	0.5513 (0.7567) [0.1994]	—	0.5159 (0.751) [0.1867]
watchlist	—	0.68 (0.5392) [0.246]	—	0.6765 (0.5306) [0.2448]

续表

变量	模型1	模型2	模型3	模型4
cons	15.5238 (49.8554)	4.7599 (50.442)	−4.6411** (1.8272)	−5.3922*** (1.941)
rho	0.3614	0.3743	0.3685	0.3793
LRtest	78.04 (0.0000)	74.99 (0.0000)	80.59 (0.0000)	77.49 (0.0000)
obs.	517	517	517	517
left-censored	297	297	297	297
uncensored	220	220	220	220

注：（1）解释变量回归系数下面小括号报告的是delta-method标准误，中括号报告的是非设限观测值的数量边际效应，大括号中为非设限概率边际效应。（2）***、**和*分别表示1%、5%和10%的水平上统计显著。

第二，美国失业率对其发起知识产权调查影响不显著。表3-8中的模型3和模型4中美国失业率的回归系数都没有通过显著性检验。

实证结果表明，美国是否对贸易伙伴发起知识产权调查，贸易赤字是关注的重点，而其他宏观经济指标并没有对其产生显著性影响。

六、进一步的稳健性测试

进一步地，本章利用贸易伙伴的国际PCT专利❶申请数量adpct替代贸易伙伴在美国发明专利申请数量，其回归结果如表3-9所示。不管是利用贸易赤字、美国GDP增长率还是失业率宏观经济指标，贸易伙伴国际PCT专利申请对其遭遇知识产权调查的影响都非常显著。我们以表3-9中的模型2为例进行说明。

---

❶ 数据来源于世界知识产权组织统计数据库，网址：https://www3.wipo.int/ipstats/pmhindex.htm?tab=pct。

表3-9　考虑国际PCT专利的回归结果

变量	模型1	模型2	模型3	模型4
ln_adpct	0.5662***	0.6276***	0.6457***	0.5977***
	(0.1416)	(0.1435)	(0.1571)	(0.15)
	[0.2005]	[0.2226]	[0.2287]	[0.2118]
	{0.0574}	{0.0634}	{0.0648}	{0.0605}
ln_ipr	−0.5021	0.0106	0.1291	0.2927
	(1.4553)	(1.4708)	(1.5105)	(1.5232)
	[−0.1778]	[0.0037]	[−0.0457]	[0.1037]
	{−0.0509}	{0.0011}	{−0.013}	{0.0296}
tradehost	−0.0278	0.0004	−0.0026	−0.015
	(0.0794)	(0.0795)	(0.0823)	(0.082)
	[−0.0098]	[0.0001]	[−0.0009]	[−0.0053]
	{−0.0028}	{0.00004}	{−0.0003}	{−0.0015}
defirate	1.7996**	1.7197**	—	—
	(0.8199)	(0.8118)		
	[0.6371]	[0.6098]		
	{0.1823}	{0.1738}		
ln_usgdp	—	—	−0.1069	—
			(1.6672)	
			[−0.0379]	
			{−0.0107}	
unemrate	—	—	—	0.0828
				(0.0816)
				[0.0293]
				{0.0084}
usad	0.1847	0.142	0.0936	0.1145
	(0.1655)	(0.1649)	(0.1668)	(0.1653)
	[0.0654]	[0.0504]	[0.0332]	[0.0406]
	{0.0187}	{0.0144}	{0.0094}	{0.0116}
keycountry	5.9496***	6.3145***	6.4856***	6.5144***
	(1.9005)	(1.8961)	(1.9171)	(1.9038)
	[2.1065]	[2.2391]	[2.2974]	[2.3081]
pwatchlist	—	1.2861*	1.2961*	1.232*
		(0.7128)	(0.7216)	(0.721)
		[0.456]	[0.4591]	[0.4365]

变量	模型1	模型2	模型3	模型4
watchlist	—	1.1556 (0.5266) [0.4098]	1.2076 (0.5313) [0.4278]	1.1684 (0.5288) [0.414]
cons	−3.0257 (1.9117)	−4.6641** (2.0439)	−1.3102 (50.7219)	−5.432*** (2.224)
rho	0.4594	0.4562	0.4558	0.456
LRtest	121.34 (0.0000)	118.63 (0.0000)	117.54 (0.0000)	118.39 (0.0000)
obs.	484	484	484	484
left-censored	277	277	277	277
uncensored	207	207	207	207

注：（1）解释变量回归系数下面小括号报告的是delta-method标准误，中括号报告的是非设限观测值的数量边际效应，大括号中为非设限概率边际效应。（2）***、**和*分别表示1%、5%和10%的水平上统计显著。

贸易伙伴国际PCT专利申请量每增加1个百分点，其在美遭遇知识产权调查的频次就增加0.2226次，概率增加6.34%；稍微弱于表3-3模型2中贸易伙伴在美国发明专利申请的数量边际0.3684次，概率边际9.21%。这可能是由于国际PCT专利的威胁小于在美国直接申请的专利，直接在美国申请专利意味着美国市场将马上受到这些知识产权产品的冲击，而国际PCT专利并不意味着会马上就进入美国市场，当然还是有进入美国市场的威胁存在。模型中其他变量的回归系数和显著性与表3-3没有存在实质性差异，模型回归结果的稳健性得到进一步支持和验证。

七、其他回归方法

在这部分，我们尽可能采用其他可能的回归方法对样本进行重新回归，以期通过比较，对我们前述研究结果的可靠性再做一次验证。考虑到本章因变量——贸易伙伴遭遇知识产权调查数量为非负整数，本章还采用混合泊松回归（Poisson）、面板泊松回归（xtpoisson）、负二项混合回归（NB2）、负二项面板回归（xtnbreg）、零膨胀泊松回归（ZIP）以及面板零膨胀泊松回归（ZINB）方法对模型进行再次回归。

表3-10的回归结果表明，除混合泊松回归外，其他各种回归方法的系数符号和显著性与Tobit回归结果没有差异。因此，总体检验结果说明，我们采用Tobit模型及各类检验有效检验了本章的相关假说。Vuong检验结果表明，标准的负二项混合回归结果与零膨胀负二项回归结果差异不大，我们可以通过表3-10中第3列和第5列回归结果几乎没有差异看出来。同时，考虑到是面板数据，面板的负二项回归模型的结果如表3-10第4列所示，其回归系数与面板tobit回归结果差异不大。

表3-10　其他回归方法检验

变量	Poisson混合	xtpoisson	NB2混合	xtnbreg	ZINB	ZIP
ln_ipr	−0.6006 (0.5579) [−0.8968] {0.5485}	−0.4878 (0.4659) [−0.4878] {0.614}	−0.3938 (0.647) [−0.5836] {0.6745}	−0.53 (0.482) [−0.53] {0.5886}	−0.3937 (0.647) [−0.5835] {0.6745}	−0.5958 (0.4741) [−0.828] {0.5511}
defirate	0.9101*** (0.2806) [1.359] {2.4846}	0.7854*** (0.2289) [0.7854] {2.1933}	0.9103*** (0.2013) [1.3491] {2.4852}	0.7315*** (0.2621) [0.7315] {2.0781}	0.9104*** (0.2013) [1.3492] {2.4853}	1.3554*** (0.3813) [0.5601] {3.8784}
tradehost	0.1139*** (0.039) [0.1701] {1.1207}	0.0498 (0.031) [0.0498] {1.0511}	0.1102** (0.0431) [0.1634] {1.1165}	0.0435 (0.0329) [0.0435] {1.0445}	0.1102** (0.0431) [0.1634] {1.1165}	0.1173 (0.0937) [0.163] {1.1245}
ln_appatent	0.5712*** (0.0495) [0.853] {1.7704}	0.431*** (0.0564) [0.431] {1.5389}	0.5533*** (0.0587) [0.82] {1.739}	0.4199*** (0.0583) [0.4199] {1.5218}	0.5533*** (0.0587) [0.82] {1.7389}	0.5277*** (0.0453) [0.7332] {1.695}

续表

变量	Poisson混合	xtpoisson	NB2混合	xtnbreg	ZINB	ZIP
usad	0.0744** (0.036) [0.1111] {1.0772}	0.0269 (0.0269) [0.0269] {1.0273}	0.1182* (0.0615) [0.1752] {1.1255}	0.0274 (0.031) [0.0274] {1.0277}	0.1182** (0.0615) [0.1752] {1.1255}	0.0742* (0.0404) [0.1032] {1.0771}
keycountry	1.3609*** (0.3605) [2.0321]	1.0935* (0.6169) [1.0935]	1.2133*** (0.4631) [1.7981]	1.0928* (0.6172) [1.0928]	1.2133*** (0.4631) [1.7982]	1.229*** (0.3753) [1.7078]
pwatchlist	−0.2897 (0.3716) [−0.4325]	0.1613 (0.2137) [0.1613]	−0.2926 (0.3847) [−0.4336]	0.1487 (0.2358) [0.1487]	−0.2926 (0.3847) [−0.4336]	−0.2631 (0.3631) [−0.3656]
watchlist	0.1757 (0.2165) [0.2624]	0.048 (0.1521) [0.048]	0.2993 (0.2545) [0.4435]	0.1121 (0.165) [0.1121]	0.2993 (0.2408) [0.4435]	0.1353 (0.2051) [0.188]
cons	−3.4076*** (0.8388)	−2.4665*** (0.6247)	−3.6447*** (0.896)	−0.6477 (0.7825)	−3.6448*** (0.896)	−2.9109*** (0.7308)
Wald检验	470.32 (0.0000)	99.49 (0.0000)	433.23 (0.0000)	91.89 (0.0000)	433.23 (0.0000)	394.43 (0.0000)
Vuong Test	—	—	—	—	−0.01 (0.5032)	2.22 (0.0133)
Likelihood- ratio test	—	185.98 (0.0000)	—	93.22 (0.0000)	—	—
obs.	517	517	517	517	517	517

注：表中小括号中数字为对应的标准误，中括号报告的是平均边际效应，大括号报告的是发生率比。ZIP和ZINB列对应 *Vuong* 值。***、**和*分别表示1%、5%和10%的水平上统计显著。

第五节　结论与启示

本章利用贸易伙伴遭遇美国知识产权调查的面板数据，考察美国频繁发起知识产权调查的背后动因，以确定其发起知识产权调查的真实动机。总体上看，美国发起的知识产权调查已经背离其"公平贸易"动机的初衷，异化为一种杀伤力极强的保护贸易手段。

从全球样本看，美国贸易赤字的增加将极大提升其对外发起知识产权调查的频次和概率，而美国GDP年增长率以及美国年度失业率等宏观经济指标对其发起知识产权调查不产生影响。说明美国贸易赤字的增加是一个明显信号，将促使美国发起更多的知识产权调查，而美国GDP增长率、失业率指标则没有这种信号功能。贸易伙伴在美国专利申请量、发明专利申请量、发明专利授权量、国际PCT专利申请量都极大地触发当地企业的策略性警示行为，从而显著增加贸易伙伴在美国遭受知识产权调查的概率和频次。贸易伙伴知识产权水平的提升并没有显著降低其遭遇知识产权调查的频次和概率，而一旦贸易伙伴被单边主义色彩极其浓厚的"特别301报告"列为"重点名单"，将显著提升其遭遇知识产权调查的概率和频度（由于中国大陆经常被列为"重点名单"，因此这种歧视性非常明显）。这意味着美国对待贸易伙伴知识产权保护情况，只注重自己的评价，不关心诸如世界经济论坛等中立机构的评价。进一步地，即使贸易伙伴与美国签订有FTA，也不能显著降低其遭遇知识产权调查的频次和概率。

分区域样本看，针对发达国家和地区以及发展中国家和地区的调查动因存在一定程度的差异。由于贸易逆差主要来源于发展中国家和地区，贸易赤字对发达国家和地区遭遇美国知识产权调查的影响并不显著，而对发展中国家和地区则产生正的显著性影响。贸易"人质效应"的影响在发达国家和地区为正，而在发展中国家和地区为负。对于发展中国家和地区而言，反倾销和知识产权调查手段互补使用，其贸易救济可能是全方位、立体式的；而对于发达国家和地区之间则不存在这种互补关联效应。

综上，本章认为，美国发起的知识产权调查已经完全背离其维护"公平贸易"的初衷，蜕变为一种杀伤力强的贸易政策工具。而针对越演越烈的美国知

识产权调查，我们提出如下应对措施：

第一，认真研究竞争对手在美国的专利布局，防止美国企业利用知识产权调查进行"策略性警示行为"。一般的预期是，贸易伙伴在美国申请和授权的专利越多，实际上是给美国发出自身强化知识产权保护的信号。实际的情况是，这种大量申请和授权专利的行为对美国本土企业的市场造成潜在和实际的威胁，在应诉方处于信息劣势和贸易伙伴企业不擅长应对知识产权诉讼的情况下，策略性警示行为将普遍存在。这不是说我们要减少在美国申请专利，而是提醒相关企业在美国申请专利时，应当对竞争企业在美国本土的专利布局要有相当的了解，同时尽可能熟悉知识产权诉讼规则，降低原告诉讼成功的概率，提高其诉讼成本，以达到降低遭遇知识产权调查频次和概率的目的。

第二，积极寻求其他贸易伙伴支持，组成统一战线。本章的实证研究表明，美国的主要贸易伙伴，不论其经济发展状况如何，无一例外地都深受美国知识产权调查困扰。因此，这些贸易伙伴可以联合起来，积极寻求在多边贸易框架下对美国实施知识产权调查的合理性和公平性进行调查，迫使美国在知识产权调查上不能任性而为。

第三，熟悉美方知识产权调查程序和规则，打有准备之战。我国企业在开拓美国市场的同时，要抛弃幻想，根据企业的技术现状，在了解国外竞争对手知识产权状况的基础上建立符合自身特点的预警机制，推演可能发生的知识产权诉讼，整体提高起诉方的诉讼预期成本，降低遭遇知识产权调查的概率。

第四，积极推行出口市场多元化，降低对美国市场的依赖，减少对美国的贸易顺差。美国贸易赤字的存在是其频繁发起知识产权调查的一个重要原因，那么对美贸易顺差越大，其被诉的风险也就越大。对于我国而言，由于长期保持对美巨大贸易顺差，很容易成为美方知识产权诉讼的焦点，从长期来看，减少对美国顺差和对美国市场的依赖仍然是应对美国知识产权调查的一个重要手段。

第五，反对美国在知识产权评价方面的单边主义。利用各种机会展现我国在知识产权保护方面的进步和表现，争取得到其他国家和地区的认可与支持。

与其他国家和地区一起，对美国单边色彩浓厚的"特殊301报告"提出质疑，倡导使用中立的世界经济论坛公布的知识产权保护水平。

第六，敢于"以彼之道还施彼身"，提高见招拆招和贸易报复能力。我们要意识到，美国的知识产权调查手段短期之内不仅不可能消失，甚至会进一步强化。在中国企业技术力量不断提升的大背景下，能够将产品打入美国市场的中国企业有相当部分具有较强的自主创新能力。这些企业可以利用美国知识产权诉讼规则，主动对美国本土或其他竞争企业发起知识产权诉讼。这样做，一方面可以提升国家和企业强化知识产权保护的形象；另一方面可以在一定程度上对其他有意针对本企业发起知识产权诉讼的企业形成威慑。

第七，积极利用反垄断手段，针对美国知识产权优势商品在我国国内的垄断发起诉讼，利用反垄断削弱美国在知识产权方面的优势。知识产权保护是一把双刃剑，无限制的保护必然会产生垄断，拥有知识产权优势的美国厂商可能在强知识产权保护的背景下，利用其技术垄断地位支配市场，通过滥用或谋取滥用市场力量，限制我国本土企业进入市场并破坏自由竞争的环境，对发展中国家和地区的国际贸易及其经济发展造成或可能造成不利影响。因此，我们需要借助《中华人民共和国反垄断法》，加强在我国经营的美国厂商的知识产权垄断监管，有效提高未来在美国遭遇知识产权调查时的贸易报复能力。

第四章 我国企业遭遇知识产权调查的情况分析

改革开放以来，我国对外贸易迅猛发展。根据国家统计局发布的《2017年国民经济和社会发展统计公报》的统计资料显示，当年进出口总额已经达到41162亿美元，其中出口22708亿美元，进口18454亿美元，比改革开放之初1978年的206亿美元进出口额增加近199倍。伴随着中国对外贸易的快速发展，与贸易伙伴的贸易摩擦也呈激增之势，并有越演越烈的趋势。美国国际贸易委员会不公平进口调查信息系统数据资料显示，美国对外发起的知识产权调查数量近年来呈现快速增长，而针对中国大陆的调查在2001年以后出现激增态势，中国大陆有13年位居调查对象榜首。

第一节 我国企业遭遇知识产权调查的现状

一、企业遭受知识产权调查数量明显增多

从全球的角度来看：根据表4-1，从2001年到2017年，美国国际贸易委员会发起的知识产权调查案件数量，处于一个波动的状态，但是总体上表现出上升的趋势，全球涉及的数量越来越多。具体来说，案件数量以2011年为一个临界点，2011年被美国知识产权调查的企业数量最多，总共有69起。2011年以前，除了2002年和2003年涉案企业数量有所减少，其他年份涉案企业数量总体呈现上升的趋势；在2011年，涉案企业数量达到了近十几年的峰值；2011年以后，涉案企业数量开始下降，其中2015年涉案企业数量出现了最低值，立案36起，但是在2016年和2017年，该数值又出现了连续两年的回升，

2016年知识产权调查数量达到54起,而2017年则进一步增加至58起。

表4-1 2001~2017年中国遭遇美国知识产权调查数量以及比率汇总

年份	全球总数	涉及中国企业的调查数量	中国企业所占百分比(%)
2001	24	1	4.17
2002	17	5	29.41
2003	18	8	44.44
2004	26	10	38.46
2005	29	8	27.59
2006	33	13	39.39
2007	35	20	57.14
2008	41	14	34.15
2009	31	8	25.81
2010	56	19	33.93
2011	69	18	26.09
2012	40	14	35.00
2013	43	13	30.23
2014	39	13	33.33
2015	36	10	27.78
2016	54	22	40.74
2017	58	24	41.38

数据来源:美国国际贸易委员会(USITC)不公平进口调查信息系统。

从中国企业涉案数量来看:根据表4-1,近十几年来,中国企业可谓是深陷美国知识产权调查的泥潭当中。2001年,美国国际贸易委员会对我国企业发起的知识产权调查只有1起,只占到美国知识产权调查全球总数的4.17%;到2007年,美国国际贸易委员会一共发起了56起知识产权调查,该年中国企业涉案数量达到20起，所占比例达到57.14%，该比例达到历史峰值；到2017年，中国企业涉案数量出现了新的峰值，立案数量达到了24起，约占全球总数的41.38%，这一占比比例虽然不是历史新高，但是该年的涉案企业绝对数量明显已经创下了历史新高。以上数据说明，美国国际贸易委员会对中国企业的知识产权调查力度正在进一步加强，我国企业对美出口形势不容乐观。

二、涉案企业行业分布广泛

直觉告诉我们，知识产权调查涉及的可能是高科技产品，因为这些产品中涉及知识产权的可能性更高。但据USITC知识产权调查案件统计资料显示，除了高科技产品如电子产品、汽车零部件遭到多起调查之外，一些劳动密集型产品也涉及其中，如家具以及部分杂项制品也遭到了知识产权调查。从与传统的反倾销救济手段对比来看，反倾销主要针对我国有价格竞争优势的劳动密集型产品，而知识产权调查既可能针对高科技产品，又有可能针对劳动密集型产品，其对出口贸易的影响将达到甚至超过传统的贸易救济方式。

从2001年到2017年，我国企业涉及知识产权诉讼的产品可谓是多种多样。具体地说，2017年知识产权调查涉及中国企业的产品包括篮板组件、弓形刀片箭头产品、液晶扫地机器人、可调节高度的桌面、电缆、智能纸写字板、数字机顶盒、通信设备、血管注射器、可折叠手机支架、纸尿裤、保温杯、不倒杯、剃须刀头、锂电池、电视、鱼油、工业自动化系统、非晶合金、LED照明设备等。

三、多数企业应诉知识产权调查失败

近几年，中国企业明显更积极地应对美国知识产权调查，比如有更多的企业选择去应诉，然而结果是，多数企业应诉知识产权诉讼失败。从表4-2得知，我国应诉企业占比被诉企业数较低，很少年份能够达到50%以上，积极应诉并且能够取得知识产权诉讼胜利的企业更是寥寥无几。特别是2015年，在被诉企业数量达到30家的情况下，竟然只有1家企业取得了知识产权诉讼胜利。

表4-2　2011~2017年中国企业应诉知识产权调查的结果

年份	被诉企业数	应诉企业数	胜诉企业数量（含撤诉）	和解	同意令	败诉（含缺席）
2011	51	27	6	13	8	24
2012	33	22	6	6	1	20
2013	31	23	3	11	6	11
2014	32	18	3	9	5	15
2015	30	7	1	4	2	23
2016	103	30	22	1	7	55
2017	73	32	6	6	0	16

数据来源：美国国际贸易委员会（USITC）不公平进口调查信息系统。

第二节　我国企业遭遇知识产权调查的特点

促成USITC频繁启动知识产权调查已经成为美国以及部分发达国家企业限制中国产品出口的重要救济手段，其目的在于借知识产权保护之名，打击国外竞争者，维护其在本国乃至全球市场的竞争优势。知识产权调查的制裁措施主要包括普遍排除令、有限排除令和禁止令。一旦USITC认定被告的涉案产品侵权，侵权产品将被禁止进入美国市场。其中，普遍排除令将禁止所有同类侵权产品对美出口，有时还会波及被调查产品的上下游产品，从而使我国相关产品在原告知识产权有效期内全面退出美国市场。目前，我国出口到美国的产品深受其知识产权调查之害。归纳起来，主要有以下几个特点。

一、信息不对称导致"诈和"效应

由于国内企业对于美国的知识产权调查程序不熟悉，国外应诉的律师费用也非常昂贵，而且我国企业普遍缺乏知识产权保护意识，认为打赢官司的概率低，许多企业像当初国外对华反倾销一样放弃应诉，从而导致其产品最终被排除在美国市场之外。接下来其他国家海关也可能会竞相模仿，这种"多米诺"

骨牌效应将会严重影响我国的出口。因此，一些国外公司利用我国企业不愿意应诉的现实，积极促成USITC启动对华企业的知识产权调查，甚至存在国内企业并没有侵犯对方的知识产权也被列入调查范围。一旦国外厂商的预期形成，大量的知识产权调查和诉讼将对中国的出口贸易产生较大的打击。

二、缺乏对等报复措施

目前，我国缺乏针对美国知识产权调查的反制手段。一方面，滥用知识产权调查而导致的知识产权壁垒频繁爆发的时期是在2002年以后，对于我国企业和政府而言都还比较陌生。另一方面，我国在知识产权保护方面的经验还很不充足。新中国成立后直到1983年才实施商标法，1985年专利法才开始实施，而版权法1991年才开始实施。因此，客观上在知识产权救济方面我们还是初学者。

三、即可能针对进口，也可能针对出口

一般的贸易壁垒都是针对进口产品设置的，目的是降低贸易伙伴产品的出口竞争力。但知识产权壁垒与其他贸易壁垒有所不同，它除了能够限制进口产品外，还可以以某个国家知识产权保护程度低为理由，拒绝某些产品或技术出口到这个国家。例如，美国政府就有以知识产权保护不力为理由（实际上是出于军事目的）禁止某些高科技产品向中国出口；同时，一部分跨国公司也以此为理由不愿意向中国转移高技术含量的技术。

第三节　我国企业频遭知识产权调查的原因

一、美国政府对中国出口产品竞争力的担忧

根据中国海关总署❶的统计数据，2017年，中国对美货物贸易顺差达到创

---

❶ 数据网址：http://www.customs.gov.cn/customs/302249/302274/302277/index.html。

纪录的 2758 亿美元；而 2005 年、2006 和 2007 年顺差分别为 1143 亿美元、1442 亿美元和 1633 亿美元。当然，由于香港转口贸易的缘故，美方的统计贸易差额数据更大。目前，中国已经超过日本成为美方最大的贸易逆差国，正因为如此，美方国内的利益集团给予了中国经贸更多的关注，从而也引发大量的贸易摩擦。一直以来，传统的反倾销救济模式并没有降低中国出口贸易的竞争力；因此，美方对华贸易救济逐渐由以前的反倾销为主转变为反倾销、反规避、反补贴、特殊保障措施和知识产权调查"五位一体"的贸易救济模式。

二、市场化进程效应、学习效应和报复效应

众所周知，对华反倾销中"非市场经济"条款对中国非常不利，但中国经过这些年的市场化改革，其成绩有目共睹。目前，世界上已经有 80 多个国家完全承认中国的市场经济地位❶。代中强和梁俊伟（2008）利用泊松回归实证表明，中国市场化程度的提高显著地降低了美国对华反倾销指控的频度，这意味着尽管美国没有正式承认中国的完全市场经济国家地位，但在中国市场化改革的成果已得到越来越多国家承认的背景下，无视中国的市场化改革成果，将会遭受到中国政府的强大压力和企业一致的抗诉。而且，在多年与对手的交锋中，中国企业已经对美国的反倾销规则较为熟悉和了解，同时政府和行业协会也能够及时提供帮助，加上企业之间反倾销诉讼经验的交流，都使得美国企业在反倾销诉讼中胜诉的难度加大。这种学习效应也迫使美国需要寻求另外的救济方式。另外，自中国 1997 年实施《中华人民共和国反倾销和反补贴条例》❷开始截止到 2017 年 12 月底，中国对外发起反倾销诉讼 258 起❸，其中涉及美国 48 起，日本 46 起，韩国 38 起。博洛尼根和鲍恩（Blonigen and Bown，2003）认为，来自于一国的报复性反倾销行动会降低遭受他国反倾销调查的概率，故

---

❶ 数据网址：http://www.sohu.com/a/122397450_131762。

❷ 2002 年 1 月 1 日起《中华人民共和国反倾销条例》施行，1997 年的条例废止。

❸ 数据网址：http://www.wto.org/english/tratop_e/adp_e/adp_e.htm#statistics。

此推断，这些行动可以降低美国对华实施反倾销的频度。在市场化效应、学习效应和报复效应的作用下，以美国为首的发达国家开始考虑新的贸易救济手段来限制中国产品的出口，而知识产权调查是一个非常好的替代手段。

三、研发的"模仿创新"导向

代中强等（2009）实证研究表明，开放经济条件下，发展中国家包括中国在内，普遍具有知识产权"强名义保护""弱实际保护"的特点。这样一种制度安排使得中国的研发支出主要是模仿创新导向型的，这种低成本模仿创新产品在国内销售时被查处的可能性较低，一旦国内市场饱和，产品进入国际市场，则很可能因产品侵犯国外公司专利、商标等权利而遭到发达国家海关的扣留。在知识产权具有绝对优势的美国，利用各种方法来巩固自己的优势，知识产权调查就是其中的代表。本来保护知识产权无可厚非，但以此为理由行贸易保护之实就成了一种贸易壁垒。

四、专利质量不高导致专利国际竞争力不强

自1985年我国实施专利法以来，我国专利申请和授权数量迅速增长。根据国家知识产权局数据统计资料显示，1985年全年专利申请14372项，到2017年则达到1381594件，年均增长14.85%。事实上，目前我国的专利申请量在已经位列世界前茅。一般来说，专利竞争力强、技术含量高、市场价值大，其专利许可贸易的竞争力也就强。而对一国某一产品比较优势的测度的常用方法显示性比较优势指数（RCA），该指数是由匈牙利经济学家巴拉萨（Balassa，1965）在计算OECD国家贸易比较优势时提出的。本章测算了1987~2012年包含10个发达国家和10个发展中国家和地区的专利许可贸易的显示性比较优势指数。根据定义，一国j的出口商品i的RCA指数由该种商品占国家总出口的比重与世界该种产品占世界总出口比重的比值来衡量。因此，RCA的计算公式为

$$RCA_{ij} = \frac{X_{ij} / \sum_i X_{ij}}{\sum_j X_{ij} / \sum_i \sum_j X_{ij}} \tag{4-1}$$

式（4-1）中，X_{ij}代表j国i产品的出口额，在此处代表一国专利许可贸易额；$\sum_i X_{ij}$为j国总出口额，此处代表j国服务贸易出口额；$\sum_j X_{ij}$为i产品的世界出口贸易额，此处代表世界专利许可贸易出口额；$\sum_i \sum_j X_{ij}$代表世界服务贸易出口额。如果计算出来的RCA指数大于1表示该国在专利许可贸易方面具有显示性比较优势；反之，若RCA指数小于1则表示该国专利许可贸易不具有显示性比较优势。本章分别选择了具有代表性的12个发达国家和8个发展中国家和地区，计算的专利许可贸易RCA指数如表4-3和表4-4所示。计算结果显示，发达国家专利许可贸易的RCA指数出现分化，美国的显示性比较优势最强，日本次之，再次是英国。而意大利的RCA指数较小，反映出与其他发达国家之间的差距。发展中国家和地区中，巴西最高，而中国大陆的RCA指数始终徘徊在0.05至0.08之间，说明我国的专利许可贸易还不具备显示性比较优势。

表4-3 发达国家专利许可贸易RCA指数

国家和地区	1987年	1988年	1989年	1990年	1991年	1992年	1993年	1994年	1995年	1996年
美国	3.6993	3.6810	3.5845	3.5026	3.0740	3.2278	3.0673	3.1379	3.2518	3.0621
日本	NA	NA	NA	NA	1.7927	1.6952	1.8874	2.0720	2.1467	2.2108
英国	1.3281	1.3873	1.4201	1.3710	1.3976	1.5524	1.4853	1.4430	1.4322	1.6786
法国	0.6238	0.6947	0.5461	0.5296	0.5187	0.4738	0.4455	0.4388	0.5153	0.5054
德国	0.8930	0.8887	0.8759	0.9776	0.8264	0.8242	0.8408	0.8520	0.9116	0.8993
意大利	0.1205	0.1250	0.1129	0.6455	0.1484	0.1117	0.1164	0.1400	0.1750	0.1302
加拿大	0.1909	0.2233	0.2276	0.2382	0.2524	0.2844	0.2838	0.3129	0.3343	0.6719
澳大利亚	0.9426	0.6467	0.6272	0.4904	0.3943	0.3590	0.4018	0.3843	0.3400	0.3197
荷兰	1.2373	1.2890	1.2577	1.1423	1.2714	1.1452	1.3153	1.2408	1.2042	1.1513
西班牙	0.0482	0.0547	0.0705	0.0947	0.0752	0.0821	0.1277	0.1530	0.1142	0.1080

续表

国家和地区	1997年	1998年	1999年	2000年	2001年	2002年	2003年	2004年	2005年	2006年
美国	2.9437	2.9254	2.8356	2.8050	2.8240	3.0056	3.1250	3.1012	3.0454	3.0483
日本	2.3723	2.5351	2.6836	2.8364	3.1850	3.0929	3.1652	3.1696	3.1584	3.5067
英国	1.5283	1.3797	1.3879	1.3031	1.3415	1.2759	1.2734	1.2252	1.2912	1.2109
法国	0.5630	0.5808	0.4749	0.5511	0.6380	0.7571	0.8235	0.9412	1.0060	1.0763
德国	0.8768	0.8478	0.7402	0.6719	0.7361	0.7326	0.7365	0.7523	0.8862	0.6962
意大利	0.1648	0.1511	0.1916	0.1912	0.1509	0.1739	0.1464	0.1792	0.2497	0.2316
加拿大	0.8289	0.8857	0.8548	1.0781	1.2214	1.2032	1.2998	1.3107	1.2764	1.1196
澳大利亚	0.3918	0.3582	0.3817	0.3592	0.3431	0.3223	0.3625	0.3574	0.3508	0.3843
荷兰	1.0109	1.0825	0.9356	0.8451	0.6670	0.6821	0.9279	1.1232	0.9518	1.0264
西班牙	0.1079	0.1051	0.1306	0.1548	0.1286	0.1203	0.1426	0.1142	0.1161	0.1776
国家和地区	2007年	2008年	2009年	2010年	2011年	2012年	2013年	2014年	2015年	2016年
美国	3.3884	3.2272	2.8821	2.9445	2.9763	2.9667	3.216	2.878	2.3949	2.1596
日本	3.0717	2.9353	2.5343	2.8824	2.9894	3.3449	3.6864	3.472	3.0367	2.8534
英国	0.9606	0.8743	0.7993	0.8086	0.7223	0.6130	0.8681	0.7931	0.7797	0.6503
法国	1.0115	1.1435	1.1025	1.0430	1.0473	0.9195	0.9629	0.9069	0.9577	0.9012
德国	0.6489	0.7307	1.1331	0.9243	0.8105	0.7820	0.9175	0.893	0.8579	0.8634
意大利	0.1548	0.5875	0.6147	0.5681	0.5181	0.5533	0.5828	0.4769	0.4544	0.4455
加拿大	0.9154	0.8949	0.8275	0.5837	0.5460	0.6915	0.9120	0.9002	0.7521	0.6851
澳大利亚	0.2912	0.2642	0.2736	0.3016	0.2657	0.2472	0.2611	0.253	0.216	0.1939
荷兰	2.0991	2.6514	2.7399	3.1807	3.3402	3.3892	NA	1.6514	3.1096	2.8812
西班牙	0.0713	0.0938	0.0842	0.1086	0.1120	0.1422	0.1595	0.1727	0.192	0.1915

注：1.根据联合国comtrade数据库数据整理计算而得。2.德国的数据在1987~1989年为仅为联邦德国，其后为统一后的德国。3.NA代表数据无法获得。

表4-4 发展中国家和地区专利许可贸易RCA指数

国家和地区	1987年	1988年	1989年	1990年	1991年	1992年	1993年	1994年	1995年	1996年
中国大陆	NA	NA	NA	NA	NA	NA	NA	NA	NA	NA
中国台湾地区	NA	NA	NA	NA	NA	0.8630	0.6529	0.3705	0.3745	0.3528
中国香港特别行政区	NA	NA	NA	NA	NA	NA	NA	NA	NA	NA
韩国	0.0538	0.1696	0.0845	0.1187	0.1694	0.2661	0.2602	0.2146	0.3058	0.1770
新加坡	NA	NA	NA	NA	NA	NA	NA	NA	0.0645	0.0615
泰国	0.0009	0.0023	0.0005	NA	0.0080	0.0275	0.0062	0.0082	0.0009	0.0331
印度	0.0082	0.0091	0.0102	0.0088	0.0035	0.0040	0.0015	0.0017	0.0048	0.0214
阿根廷	0.2779	0.0993	0.1041	0.0504	0.0466	0.0519	0.0590	0.0602	0.0756	0.0791
墨西哥	0.1375	0.0767	0.0950	0.2780	0.2467	0.2490	0.2624	0.0448	0.2731	0.2545
巴西	0.0912	0.0878	0.1250	0.0983	0.1098	0.0798	0.2231	0.0902	0.1217	0.3755
国家和地区	1997年	1998年	1999年	2000年	2001年	2002年	2003年	2004年	2005年	2006年
中国大陆	0.0504	0.0565	0.0571	0.0507	0.0648	0.0652	0.0458	0.0746	0.0417	0.0455
中国台湾地区	0.3112	0.4049	0.2853	0.3560	0.3347	0.2298	0.1858	0.2216	0.1786	0.1706
中国香港特别行政区	NA	0.0984	0.0435	0.0506	0.0934	0.1001	0.1465	0.0778	0.0758	0.1005
韩国	0.2157	0.2179	0.3429	0.4327	0.6243	0.5738	0.7966	0.8756	0.8338	0.7934
新加坡	0.0562	0.0547	0.0488	0.0580	0.1263	0.1346	0.1084	0.2091	0.2332	0.2531
泰国	0.0630	0.0116	0.0266	0.0120	0.0133	0.0093	0.0095	0.0148	0.0164	0.0393
印度	0.0307	0.0354	0.0315	0.0950	0.0421	0.0202	0.0202	0.0272	0.0463	0.0303
阿根廷	0.0861	0.1162	0.1076	0.1430	0.1986	0.1866	0.2291	0.2280	0.1557	0.1904
墨西哥	0.2615	0.2542	0.0715	0.0602	0.0631	0.0739	0.1333	0.1284	0.0860	0.2134
巴西	0.3646	0.3985	0.3698	0.2531	0.2362	0.2047	0.2072	0.1793	0.1249	0.1581

续表

国家和地区	2007年	2008年	2009年	2010年	2011年	2012年	2013年	2014年	2015年	2016年
中国大陆	0.0478	0.0659	0.0497	0.0782	0.0631	0.0833	0.0828	0.0513	0.0580	0.0793
中国台湾地区	0.1128	0.0881	0.1142	0.1740	0.2732	0.2903	0.1288	0.092	0.1086	0.0981
中国香港特别行政区	0.0721	0.0700	0.0681	0.0587	0.0582	NA	0.0745	0.0737	0.0703	NA
韩国	0.4057	0.4466	0.6521	0.5499	0.6813	0.4736	0.6453	0.683	0.8445	0.9285
新加坡	0.2451	0.2318	0.1677	0.1578	0.2255	0.2245	0.4159	0.4153	0.513	0.4724
泰国	0.0307	0.0518	0.0722	0.0681	0.0639	0.0743	0.065	0.0613	0.0357	0.0129
印度	0.0320	0.0235	0.0311	0.0157	0.0328	0.0343	0.0515	0.0678	0.0416	NA
阿根廷	0.1749	0.1465	0.1391	0.1618	0.1673	0.1645	0.1702	0.2136	0.1728	0.1303
墨西哥	NA	NA	NA	NA	NA	NA	NA	0.1467	0.1912	0.0035
巴西	0.2276	0.2598	0.2347	0.1905	0.2314	0.1958	0.1663	0.1514	0.245	0.2493

注：1.根据联合国comtrade数据库数据整理计算而得。2.NA代表数据无法获得。

第四节　我国企业应诉失败的原因

一、外部因素

1.费用高昂

遭遇知识产权调查后，被诉企业一旦选择应诉，就意味着要为此支出相当多的费用。首先，美国知识产权调查属于跨国的诉讼案件，需要有中方律师和美方律师，两边同时对诉讼进行跟进。这导致每起知识产权调查案律师费都特别高，在国际上平均可以达到100万~400万美元，这对我国被调查的企业来说是一笔不小的开支，有的中小企业1年的利润可能也就几百万元，在这样的情况下，被诉企业不太可能斥"巨资"去应对知识产权诉讼。

其次，值得注意的是，美国的一些竞争对手常常选择对我国中小出口企业提起知识产权诉讼调查，而这些企业很多是刚跨入美国市场或者国际市场，各方面的储备不足，尚未形成完善的成熟的体系，实力也比较弱；但是这些企业又往往是以自有品牌出口的企业，其产品具有高附加值、高技术含量的特征，具有一定的核心竞争能力。因此，为打击我国较有市场潜力的企业，美国的竞争对手就会伺机启动知识产权调查将刚进入美国市场的中小企业拉入诉讼泥潭，这些中小企业为求生存，很容易因为高昂的应诉费用而直接选择缺席，导致最终的败诉。

2.耗时漫长

美国发起的知识产权调查还有一个很大的特点，企业一旦应诉，就要为诉讼投入很多的时间，这是一个非常漫长的过程，一个完整的调查程序通常持续15个月以上。美国艾金岗波律师事务所许思义律师认为，就像是跑马拉松一样，知识产权调查诉讼过程从几个月到几年都有可能。

3.胜诉概率小，风险大

在已经判决的知识产权调查案件中，世界企业败诉率平均水平大概在34%，而我国企业败诉的概率则高达60%，远高于世界平均水平，这说明我国企业在美国知识产权诉讼中胜诉的概率非常小。与此同时，企业一旦败诉，一方面不但要支付高昂的律师费，另一方面很有可能被永远排除在美国市场之外，这对于刚进入美国市场的中国企业而言实在是损失巨大。

二、内部因素

1.知识产权意识普遍较薄弱

我国现有的大多数企业，一方面对知识产权保护的意识薄弱，企业很少会专门设置知识产权相关部门，配备知识产权专员，导致对知识产权、专利等缺乏相应且足够的管理；另一方面在企业没有对知识产权保护、管理提起重视的前提下，知识产权知识的应用与实践也就更是纸上谈兵，这样一来，自然而然地就导致了知识产权意识薄弱，很多企业并没有把知识产权作为企业长远发展的利器。

2.专利申请缺乏主动性和积极性

想要提高企业的自主创新能力，刺激其申请知识产权、专利的积极性和主动性，就要将知识产权开发工作、技术人员的研究开发工作的考核与业绩相挂钩，而我国企业目前并没有形成这样的指标，两者之间往往没有直接关系，这就导致了我国企业专利申请缺乏主动性和积极性。在这样的情况下，我国企业想要进军国外市场，就很容易遭遇国外的知识产权贸易壁垒，从而在国际市场中处于劣势地位。

3.管理工作缺乏战略规划

企业是以盈利为目的的经济主体，目前很多企业在生产经营的过程中，还没有改变传统的发展观念，企业发展重心在于关注硬实力，而忽视了软实力。具体来说我国大多数企业，相比知识产权战略管理，更注重有形资产的管理与利用，就更加谈不上对无形资产即知识产权等的长远规划。因此，目前很多企业的知识产权成果都是只进行到申请专利这一步，而没有进行后续的管理与规划，这样一来就容易导致中国知识产权成果、专利技术的流失，更严重的还有企业误入知识产权、专利技术的"雷区"，一方面可能会侵犯他人的知识产权成果，让"好事者"抓住把柄，另一方面，企业也要为此付出沉痛的代价，高昂的费用支出可以说是必不可少了。

4.管理机构不健全

我国大多数的企业，由于知识产权意识薄弱，普遍存在一个共同的问题，知识产权管理机构不健全，缺乏相应的知识产权管理部门。因此，一旦遇到知识产权纠纷问题，我国大多数企业现有的解决办法就是咨询相关的法律机构，通过法律顾问来进行管理。但是，这样的处理方式，并不利于企业的发展，只能对知识产权纠纷进行事后的管理，难以进行事前预警，更缺乏相应的知识产权纠纷应急机制，导致我国企业在知识产权诉讼中处于劣势地位。

第五章 美国知识产权调查的贸易抑制效应研究

第一节 引言与文献综述

随着经济全球化的不断深入发展，各国之间商品交换往来频繁。根据联合国贸发会议网站（United Nations Conference on Irade and Development，UNCTAD）数据库可知，世界货物贸易出口总额从1980年的20501亿美元上升到2017年177309亿美元，年均增长速度达到5.5%。美国作为世界经济的领头羊，一直都是世界各国出口产品的重要目标地。自20世纪70年代以来，美国与贸易伙伴在货物贸易上长期逆差，为了应对商品贸易长期逆差的窘境，美国采取诸如"两反两保"❶等多种贸易救济措施来力求维持其贸易平衡。近年来，一种杀伤力更强的贸易救济手段——知识产权调查被频繁使用。如图5-1所示，从1972年首次发起知识产权调查以来到2017年年底，美国共向全球发起1092起调查。知识产权调查越来越成为美国贸易限制的主要手段，而且美国发起知识产权调查数与本国经济所处的状态密切相关。根据图5-1，可以发现美国发起知识产权调查有两个高峰时段：20世纪70年代末至80年代中期以及2008年全球金融危机至今。当经济处于繁荣阶段，对各国的调查数量处于平缓阶段，随着国内环境的恶化，对贸易伙伴的调查数量急剧上升，如2008年美国经济危机，对贸易伙伴的调查数量达到93起。利用美国国际贸易委员会不公平进口调查信息系统的数据分析得知，从1972年起至2017年年底，已有68个国家和地区不同程度地遭受知识产权调查，其中涉案最为严重的国家和

---

❶ 反倾销、反补贴、保障措施和特别保障措施。

地区是中国台湾地区、中国大陆、日本、韩国、中国香港特别行政区及德国，分别占调查案件总量的23.44%、21.45%、20.51%、12.09%、9.65%和8.7%。尤其是2001年中国加入世贸组织以来，美国对中国大陆的知识产权调查一直是位于调查对象的榜首。

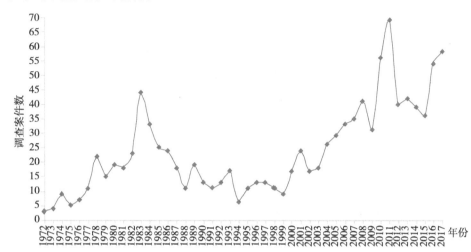

图5-1　美国发起知识产权调查案件[①]

知识产权调查作为一种"行政救济"措施，规定美国任何一家企业只要认为某一国进口货物的进口侵犯了美国的知识产权就可以启动知识产权调查程序。与传统的贸易限制措施相比，知识产权调查具有程序快捷、使用标准较低、措施严厉、被告方反诉讼受到限制、规则总体符合WTO规则等特点，因而与传统贸易限制措施相比威力更大。余乐芬（2011）发现，在所有知识产权调查已经结案的案件中，有约75%的处理结果是和解、没有发现侵权、原告撤诉和同意令，仅有25%的案件发现侵权成立。这意味着很多诉讼企业付出高昂的诉讼费用最终却没有胜诉，但这并没有阻挡更多企业申请发起知识产权调查的热情。显然这部分诉讼企业打官司是假，而通过申请启动知识产权调查将对手拉入诉讼的泥潭中，达到贸易遏制效应以及被诉方被动和解的"敲竹杠"效应才是这些企业的真正目的。这种知识产权调查的异化和滥用就是实实

[①] 数据来源：Section 337 Statistical Information，https：//pubapps2.usitc.gov/337external/。

在在的贸易壁垒，即借知识产权保护之名，行贸易保护之实。当前，知识产权调查已经成为美国最重要的贸易救济手段之一，与美国有频繁贸易往来的贸易伙伴都深受其害。正因为如此，国内外学者也对美国知识产权调查保持了高度关注。归纳起来，现有文献研究主要集中在下列几个方面。

第一，针对知识产权调查的合法性进行研究。阿利森（Allison，2009）介绍了"知识产权调查"立法方面的一系列背景，回顾了近年来社会对于"知识产权调查"的批评，他在文中提到"知识产权调查"对于保护国内产业利益的必要性，即使社会对于"知识产权调查"本身存在很多争议，但是不可否认它的重要意义。那斯（Hnath，2010）指出"知识产权调查"在国际贸易中对于商业秘密特殊的保护作用，这使得任何公司在面对商业秘密被挪用的情况时，都可以考虑使用"知识产权调查"这一方式。阿特林斯（Atlins，2010）认为知识产权调查最根本的目的是保护本国知识产权，而非设置新的贸易壁垒。总的来说，诸如阿布隆迪和温特（Ablondi and Vent，1981）、罗杰斯和惠特洛克（Rogers and Whitlock，2002）、考佩卡（Koppikar，2004）、哈恩和辛格（Hahn and Singer，2008）、赫肯顿（Heckendorn，2009）、那斯（Hnath，2010）及斯戴姆（Steme，2011）等国外文献无一例外地都给知识产权调查贴上了公平正义的标签，认为知识产权调查是针对美国贸易伙伴在国际贸易中知识产权弱保护的重要救济措施。而国内学者则对知识产权调查合法性提出质疑。徐元（2011）、朱鹏飞（2013）分别对美国利用337条款进行知识产权调查的合法性提出质疑，他们认为知识产权调查与WTO国民待遇原则和TRIPS协议规定存在一定的冲突。

第二，从宏观和微观角度分析知识产权调查的特点及企业应对措施。郑秉秀（2002）首先详细考察了国际贸易中知识产权壁垒的特点及表现形式。曹世华（2006）对知识产权壁垒形式进行分析，并探讨了宏观层面的应对措施。余乐芬（2011）通过整理美国知识产权调查时间序列数据，从内部和外部两个大的方面阐释了中国遭遇知识产权调查的具体原因，她发现贸易保护主义下发达国家构建新型贸易壁垒以及我国企业在对外贸易中研发不足且缺乏知识产权保护等都是我国遭受调查的原因。黄晓风（2011）、朱鹏飞（2013）、张换兆等（2014）、徐元（2014）、王敏等（2016）从宏观层面的不同维度探究应对知识产权调查的策略。苏喆等（2011）、薛同锐（2013）等从微观个案入手，分析应诉知识产权调查的典型案例，为我国企业应对知识产权调查提出具体建议。代中强（2016）利用美国国际贸易委员会（USITC）不公平进口调查信息系统的数据，从案件总量、涉案来源地、调查类型、涉案产业、判决结果等方面对知识产权调查做了一个初步的统计分析。

综上，现有文献对美国发起知识产权调查的特点、危害及应对措施进行了比较细致的讨论，但总体上看，现有研究定性分析多，定量分析少。通过文献查阅和资料整理，可以发现量化分析知识产权调查中贸易伙伴对美出口的文献非常缺乏。我们认为，启动知识产权调查和最终调查结果确定都不同程度地影响贸易伙伴对美出口贸易。在知识产权调查期间，由于诉讼信息不对称，被调查商品的进口商无法确定其是否侵权，理性的选择就是减少该商品进口；而一旦美国国际贸易委员会USITC认为国外产品侵权成立，则相关产品将永久性地被排除在美国市场之外。因此，研究知识产权调查以及调查结果会对贸易伙伴产品对美出口贸易产生何种影响？这种影响到底有多大？如何测算？这些都是本章要解决的问题。

第二节　模型设定与数据来源

一、计量模型设定

贸易引力模型思想来源于牛顿的万有引力定理：两物体之间的引力与质量成正比，与距离成反比。丁伯根（Tinbergen，1962）和波哈伦（Poyhonen，1963）根据万有引力定理建立了一个简洁的贸易引力模型，他们的研究结果发现：两个经济体之间的贸易流量与各自的经济规模成正比，与两国之间的距离成反比。随着国内外学者对引力模型研究的不断深入，发现两国的贸易流量不单单受到两国的经济总量和地理距离的影响，还受到众多因素的影响。例如，黑德（Head，2008）和阿科拉基斯（Arkolakis，2012）还将汇率和经济文化等各种因素纳入贸易引力模型中进行研究。

理论上而言，启动知识产权调查产生的调查效应以及原告胜诉（被告败诉）导致实质性措施采用导致的效应都存在，且可能影响不同。因此，根据本章研究的目的，我们将知识产权调查案件数和原告胜诉案件数纳入到贸易引力模型中，得到的扩展的贸易引力模型方程为

$$\ln\_export_{it} = \alpha_0 + \alpha_1 number\_ipr_{it} + \sum \alpha_k control_{it} + \varepsilon_{it} \qquad (5\text{-}1)$$

$$\ln\_export_{it} = \beta_0 + \beta_1 injury\_ipr_{it} + \sum \beta_k control_{it} + \varepsilon_{it} \qquad (5\text{-}2)$$

方程（5-1）在贸易引力模型中引入知识产权调查案件数（number_ipr$_{it}$），方程（5-2）在贸易引力模型中加入原告胜诉案件数（injury_ipr$_{it}$）。其中ln_export$_{it}$代表贸易伙伴i对美国t年的对数出口贸易额，number_ipr$_{it}$描述的是美国在t年对贸易伙伴i发起的知识产权调查案件数量。按照代中强（2016）对知识产权调查判决结果的分析，判决结果为发现侵权、和解和同意令都被认为原告胜诉。injury_ipr$_{it}$代表美国在t年对贸易伙伴发起的知识产权调查中，原告胜诉（被调查对象败诉）的案件数量。我们预期，知识产权调查案件数（number_ipr$_{it}$）以及原告胜诉案件数（injury_ipr$_{it}$）同出口贸易之间呈现负向关系。

control$_{it}$为方程（5-1）、方程（5-2）的控制变量，包括：美国对数GDP、贸易伙伴对数GDP、双边可变地理距离对数变量、汇率、区域贸易协定虚拟变量以及官方语言虚拟变量。其中ln_usgdp$_t$代表美国t年国内生产总值对数值，ln_pgdp$_{it}$代表贸易伙伴i在t年的国内生产总值对数值。ln_wdist$_{it}$为可变地理距离对数变量[1]，与王孝松等（2015）一致，我们将石油年度价格[2]乘以距离，构

---

[1] 这样处理可以解决空间距离不随时间变化而改变，进而引发与国家特定效应完全共线的问题。

[2] 石油价格来源：http://www.imf.org/external/np/res/commod/index.aspx。

建可变的地理距离变量，取对数后引入回归方程。预期该变量对出口贸易影响为负。RTA_{it} 为 t 年美国与贸易伙伴 i 是否签订区域贸易协定（Regional Trade Agreement）的虚拟变量。如果美国和贸易伙伴 i 签订区域贸易协定，则该值就为1，否则为0，预期该变量与贸易伙伴 i 对美出口呈正向关系。$language_{it}$ 表示贸易伙伴 i 在 t 年的官方语言是否为英语的虚拟变量。如果贸易对象国官方语言为英语，则该值就为1，否则就为0，预期该变量与贸易伙伴 i 对美国出口呈正向关系。$exchange_{it}$ 表示 t 年美元对贸易伙伴 i 货币的汇率，预期该变量与贸易伙伴 i 对美出口呈正向关系。

二、反事实模拟方法

与王孝松等（2015）测算反倾销的"贸易缺口"方法一样，本章利用反事实模拟计算知识产权调查产生的"贸易缺口"，以精确度量贸易伙伴遭遇知识产权调查及原告胜诉引致的贸易抑制效应。

第一步，在方程（5-1）、方程（5-2）中分别剔除知识产权调查案件数（$number\_ipr_{it}$）和原告胜诉案件数（$injury\_ipr_{it}$），仅保留控制变量，拟合出各贸易伙伴对美国潜在出口额。

第二步，利用回归方程（5-1）、方程（5-2），不剔除任何变量，拟合出贸易伙伴对美国出口贸易真实值。

第三步，计算"贸易缺口"。其值为真实贸易出口拟合值与潜在贸易出口拟合值之比。我们分别以知识产权调查案件数和原告胜诉案件数两个指标来测算贸易缺口，前者主要测度的是发起调查导致的贸易缺口，后者测算的是调查结果导致的贸易缺口。

三、数据来源及变量统计性描述

本章以扩展的贸易引力模型（5-1）、（5-2）式作为计量统计模型，使用从2000年到2015年美国同48个贸易伙伴的二维混合数据定量考察美国知识产权调查对贸易伙伴出口到美国的贸易抑制效应。实证研究中贸易伙伴选择的主要依据有两点:其一,这些贸易伙伴对美国的出口额比较大;其二,这些贸易伙伴在研究时间区间内至少曾经有遭受美国知识产权调查的记录。根据以上依据,最终我们选择48个经济体作为本章考察对象[1],其中被解释变量$export_{it}$来自联合国Comtrade数据库[2];$usgdp_{it}$、$pgdp_{it}$和$language_{it}$变量都是来自CEPII中的Gravity Dataset数据库[3];$wdist_{it}$中两地距离变量来源于CEPII中的Gravity Dataset数据库;RTA_{it}来自WTO网站[4];$number\_ipr_{it}$与$injury\_ipr_{it}$来自美国国际贸易委员会(USITC)不公平进口调查信息系统[5]。各变量的含义、描述性统计和预期符号如表5-1所示。

表5-1 变量统计性描述及预期符号

变量	变量含义	样本量	均值	标准差	最小值	最大值	预期符号
ln_export_{it}	贸易伙伴对美国出口额的对数	768	22.4389	2.7408	9.767	37	
$number\_ipr_{it}$	美国对贸易伙伴发起知识产权调查案件数	768	1.224	2.6869	0	19	—
$injury\_ipr_{it}$	美国对贸易伙伴发起知识产权调查胜诉案件数	768	0.8216	2.0319	0	16	—
ln_usgdp_t	美国GDP的对数	768	30.26	0.1719	29.9617	30.5234	+

---

[1]包括:中国、中国香港特别行政区、中国台湾地区、日本、韩国、新加坡、以色列、马来西亚、菲律宾、印度、泰国、印度尼西亚、阿联酋、土耳其、中国澳门特别行政区、越南、挪威、乌克兰、德国、英国、法国、荷兰、意大利、瑞士、瑞典、西班牙、芬兰、比利时、奥地利、爱尔兰、葡萄牙、卢森堡、斯洛伐克、摩尔多瓦、加拿大、墨西哥、尼加拉瓜、伯利兹、巴拿马、哥斯达黎加、危地马拉、巴西、智利、秘鲁、澳大利亚、新西兰、毛里求斯、丹麦。

[2]数据来源:https://comtrade.un.org/。

[3]数据来源:http://www.cepii.fr/CEPII/en/bdd_modele/presentation.asp?id=8。

[4]数据来源:https://www.wto.org/。

[5]数据来源:https://pu bapps2.usitc.gov/337external/。

续表

变量	变量含义	样本量	均值	标准差	最小值	最大值	预期符号
ln_pgdp_{it}	贸易伙伴GDP的对数	768	26.0478	2.0071	20.5394	30.0348	+
ln_wdist_{it}	美国同贸易伙伴可变地理距离对数值	758	12.897	0.8466	9.4987	14.3456	−
rta_{it}	美国同贸易伙伴是否签订区域贸易协定	768	0.1628	0.3694	0	1	+
$language_{it}$	贸易伙伴官方语言是否为英语	768	0.2292	0.4206	0	1	+
$exchange_{it}$	美元对贸易伙伴货币的汇率（外币/美元）	758	625.2396	2867.594	0.4998	21697.57	+

第三节 贸易引力模型检验

本章重点研究的是美国知识产权调查是否对贸易伙伴出口到美国的出口额产生抑制效应。考虑到发起调查和采取实质性措施对贸易伙伴出口的影响存在异质性。实证研究选取的核心解释变量有两个：美国发起的知识产权调查的案件数以及美国在知识产权调查中的胜诉案件数，回归结果列在表5-2中。其中模型1和模型2引入美国对贸易伙伴发起的年度知识产权调查案件数（number_ipr），模型3和模型4引入原告在知识产权调查中的胜诉案件数量（injury_ipr）。根据基准模型表5-2的回归结果，我们有如下发现：

第一，美国发起知识产权调查以及原告胜诉都对贸易伙伴对美出口贸易产生显著的抑制效果。表5-2中模型2显示，美国对贸易伙伴发起知识产权调查每增加1个单位，贸易伙伴对美国出口量减少约9.98%个百分点；表5-3中模型4显示，美方发起的知识产权调查最终获胜则导致贸易伙伴对美国的出口量减少约17.72%。通过系数对比，可以发现美国发起知识产权调查胜诉案件变量的影响系数要大于美国发起知识产权调查案件变量，前者的影响几乎是后者的两倍。显然，原告胜诉（被告败诉）将大大提升其对贸易的阻碍作用。

第二，美国GDP和贸易伙伴GDP对贸易的影响为正。这与经典的贸易引力模型结论一致，美国GDP和贸易伙伴GDP都在一定程度上反映了其国内的市场潜力，一个经济体的GDP越高，说明其消费潜力越大，在多样化偏好的驱使下对进口品的现实需求也比较强烈，而实证研究也刚好印证了这一推断。

第三，地理距离对出口贸易的影响为负。$WDIST_{it}$既能避免与国家特定效应完全共性，同时又考虑了影响运输成本的自然因素和经济因素。模型2结果显示，可变地理距离确实对贸易产生了阻碍作用，可变地理距离每上升1个百分点，导致贸易伙伴出口到美国的贸易量下降0.3334个百分点。

第四，与美国签署有效的区域贸易协定对贸易的影响为正。这些区域贸易协定意在消除贸易壁垒，允许产品与服务在国家和地区间自由流动，促进签订双方的经济一体化。模型2的结果显示，与美国签署有区域贸易协定的贸易伙伴，将促进其对美国出口增加225.27%[1]。

第五，汇率对贸易的影响为正。一般而言，本币对美元贬值，意味着该经济体的商品以美元计价变得更为便宜，这将促进该经济体对美国出口贸易。模型2显示，经济体本币对美元每贬值1个单位，将提升该经济体对美出口贸易增加0.01%，表明其经济显著性并不强。

第六，贸易伙伴官方语言是英语可以促进其对美国的出口贸易。模型2显示，贸易伙伴与美国官方语言一致时，相对其他语言不一致的贸易伙伴而言，其对美出口贸易量可以增加134.48%[2]。

---

[1] 其值由100*（exp（1.1795）-1）计算而得。

[2] 其值由100*（exp（0.8522）-1）计算而得。

表5-2 引力模型估计结果：基准检验

变量	模型1	模型2	模型3	模型4
number_ipr	−0.109*** (0.036)	−0.0988*** (0.035)	—	—
injury_ipr	—	—	−0.1857*** (0.047)	−0.1772*** (0.0457)
ln_usgdp	243.7147*** (53.6888)	232.9408*** (52.0421)	237.1095*** (53.5167)	226.3993*** (51.8582)
ln_pgdp	0.7195*** (0.0481)	0.7313*** (0.0468)	0.7325*** (0.0474)	0.746*** (0.0461)
ln_wdist	−0.413*** (0.1307)	−0.3334** (0.1345)	−0.3989*** (0.1302)	−0.3166** (0.134)
rta	—	1.1795*** (0.2405)	—	1.1854*** (0.2393)
language	—	0.8522*** (0.2017)	—	0.853*** (0.2007)
exchange	—	0.0001*** (0.00003)	—	0.0001*** (0.0003)
常数	−7365.64*** (1624.57)	−7041.42*** (1574.73)	—	−6644.05*** (1569.15)
时间固定效应	是	是	是	是
调整 R^2	0.2593	0.3076	0.2469	0.3139
F统计量	63.23 (0.0000)	45.93 (0.0000)	65.37 (0.0000)	47.33 (0.0000)
样本量	768	768	768	768

注：各变量回归结果下面小括号中为标准误，***、**和*分别表示在估计的系数在1%、5%和10%的水平上显著。

第四节　反事实模拟分析

目前，中国大陆作为美国的第一大贸易伙伴，自2001年以来一直都是美国发起知识产权调查的主要目标，因此知识产权调查纳入贸易引力模型，利用反事实模拟的方法测算贸易缺口，具有重要的实践价值。

按照上文的方法，测算贸易缺口的步骤如下：首先，在回归方程中分别剔除知识产权调查案件数以及知识产权调查胜诉案件数，分别计算出贸易伙伴潜在出口拟合值；然后我们在回归方程中加入知识产权调查案件数以及知识产权调查胜诉案件数，分别计算出贸易伙伴真实贸易出口拟合值。最后，计算"贸易缺口"指数。所谓"贸易缺口"指数=真实贸易出口拟合值/潜在贸易出口拟合值。我们分别以知识产权调查案件数和原告胜诉案件数两个指标来测算贸易缺口，前者主要测度的是调查导致的缺口，后者测算的是调查结果导致的缺口。

一、基于调查总量的"贸易缺口"测算

我们以方程（5-1）为计量方程基础，将贸易伙伴遭受知识产权调查案件数纳入解释变量，按照上述步骤对贸易伙伴遭受美国知识产权调查的"贸易缺口"进行测算，计算结果如表5-3所示。可以发现，对于中国大陆、中国台湾地区、中国香港特别行政区、韩国、新加坡、加拿大、以色列、马来西亚、菲律宾、荷兰、丹麦及瑞典这些国家和地区来说，无论选取哪一年份，只要遭遇知识产权调查的数量超过1起，都造成了这些经济体对美国出口贸易的"缺口"。

以中国大陆为例，各个年份的"真实贸易出口拟合值"与"潜在贸易出口拟合值"之比绝大多数均小于100%，其中最大值为100.51%，最小值为93.63%，平均值为96.63%，意味着在样本考察期内，美国对中国发起知识产

权调查使中国大陆对美国的出口平均减少3.37%，其中影响最大的年份为2007年，使得中国大陆对美国的出口额减少了6.35%。而2007年恰巧是美国处于金融危机的困境中的前夕，可以发现知识产权调查与美国经济周期及国内经济环境有着密切的联系，在经济繁荣时发起知识产权调查的案件数相对较少，在经济萧条时期对贸易伙伴的知识产权调查就比较频繁。对于日本和德国来说，知识产权调查案件次数只要超过2次，无论是哪一年份，知识产权调查都会导致其出口到美国的贸易额下降，产生"贸易缺口"。对于菲律宾、印度尼西亚、英国、荷兰和瑞典这些经济体，由于遭遇知识产权调查案件数较其他经济体少，所以对其出口贸易影响不大。

我们以知识产权调查最多的中国大陆、中国台湾地区、日本、韩国、中国香港特别行政区和加拿大为例进行横向对比。在样本研究期间内，中国大陆遭遇知识产权调查177次，对美出口平均减少3.37%，平均每起案件导致出口减少0.019%；中国台湾地区遭遇知识产权调查129次，对美出口平均减少2.22%，平均每起案件导致出口减少0.0172%；日本遭遇知识产权调查106次，对美出口平均减少1.46%，平均每起案件导致出口减少0.0138%；韩国遭遇知识产权调查83次，对美出口平均减少1.31%，平均每起案件导致出口减少0.0158%；中国香港特别行政区遭遇知识产权调查62次，对美平均出口减少1.03%，平均每起案件导致出口减少0.0166%；加拿大遭遇知识产权调查58次，对美平均出口减少0.84%，平均每起案件导致出口减少0.0145%。对比研究发现，经济体被起诉案件数量越多，则对美出口平均减少越大。但平均每起案件导致出口减少存在差异，按照影响大小排序为：中国大陆、中国台湾地区、中国香港特别行政区、韩国、加拿大、日本。日本和加拿大很早就涉入知识产权调查，这两个国家的企业在应对知识产权调查时经验更为丰富，因此影响效果较小也并不奇怪。

表5-3　知识产权调查引致的"贸易缺口"：基于调查总量

年份	中国		中国台湾地区		中国香港特别行政区		韩国	
	案件数	比例	案件数	比例	案件数	比例	案件数	比例
2000	3	99.52%	6	98.51%	0	100.41%	1	100.17%
2001	1	100.51%	6	98.90%	2	99.65%	1	100.27%
2002	5	98.75%	4	99.38%	5	98.24%	1	100.23%
2003	8	97.57%	3	99.87%	3	99.19%	1	100.33%
2004	10	96.89%	7	98.29%	2	99.69%	3	99.54%
2005	8	97.72%	7	98.28%	1	100.15%	5	98.71%
2006	13	95.64%	4	99.52%	4	98.83%	4	99.16%
2007	18	93.65%	5	99.15%	4	98.89%	7	97.93%
2008	16	94.83%	13	96.04%	5	98.71%	9	97.27%
2009	8	97.84%	8	97.77%	3	99.23%	5	98.61%
2010	19	93.63%	16	94.76%	9	96.93%	7	98.14%
2011	18	94.29%	14	95.79%	4	99.33%	14	95.28%
2012	14	95.83%	14	95.65%	6	98.29%	10	96.96%
2013	13	96.05%	8	97.24%	6	98.06%	7	97.99%
2014	13	96.18%	11	96.02%	7	97.74%	5	98.93%
2015	10	97.19%	3	99.34%	1	100.14%	3	99.51%

年份	日本		加拿大		德国		新加坡	
	案件数	比例	案件数	比例	案件数	比例	案件数	比例
2000	5	98.98%	1	99.86%	1	100.40%	0	100.30%
2001	5	99.11%	3	99.20%	3	99.68%	2	99.51%
2002	2	100.27%	1	99.91%	1	100.46%	0	100.34%
2003	2	100.35%	4	98.85%	2	100.15%	2	99.52%
2004	4	99.58%	1	100.06%	2	100.21%	2	99.58%
2005	3	100.00%	4	98.96%	3	99.81%	1	100.04%
2006	5	99.14%	2	99.73%	6	98.56%	1	100.05%
2007	6	98.76%	1	100.16%	3	99.87%	1	100.14%
2008	10	97.36%	4	99.25%	1	100.96%	7	97.86%
2009	10	97.00%	4	98.91%	2	100.20%	1	100.06%
2010	10	97.37%	8	97.72%	2	100.52%	1	100.43%
2011	19	93.80%	7	98.27%	6	99.02%	1	100.61%
2012	10	97.39%	9	97.37%	2	100.52%	0	100.88%
2013	6	98.77%	2	99.82%	1	100.72%	0	100.66%
2014	6	98.85%	3	99.53%	4	99.57%	1	100.34%
2015	3	99.85%	4	98.89%	3	99.71%	2	99.68%

续表

年份	以色列		马来西亚		菲律宾		丹麦	
	案件数	比例	案件数	比例	案件数	比例	案件数	比例
2000	1	99.78%	0	100.28%	1	99.79%	0	100.03%
2001	1	99.90%	0	100.40%	2	99.45%	0	101.18%
2002	0	100.25%	0	100.35%	0	100.30%	1	99.66%
2003	2	99.45%	2	99.51%	0	100.37%	0	100.21%
2004	2	99.52%	2	99.60%	0	100.42%	0	100.28%
2005	0	100.40%	1	100.10%	0	100.47%	0	100.31%
2006	0	100.41%	1	100.11%	0	100.50%	0	100.31%
2007	0	100.48%	3	99.27%	1	100.14%	0	100.37%
2008	1	100.33%	3	99.58%	0	100.87%	0	100.64%
2009	0	100.42%	0	100.57%	0	100.52%	0	100.28%
2010	0	100.78%	3	99.60%	0	100.90%	0	100.62%
2011	0	100.96%	1	100.72%	1	100.64%	1	100.35%
2012	1	100.36%	0	101.01%	0	100.93%	1	100.18%
2013	1	100.15%	0	100.76%	0	100.71%	0	100.38%
2014	0	100.69%	1	100.43%	0	100.82%	1	100.05%
2015	1	100.01%	0	100.59%	0	100.58%	2	99.33%
年份	印度尼西亚		英国		荷兰		瑞典	
	案件数	比例	案件数	比例	案件数	比例	案件数	比例
2000	0	100.13%	0	100.77%	0	100.49%	0	100.39%
2001	1	99.75%	0	100.87%	1	100.17%	1	100.05%
2002	0	100.19%	0	100.83%	1	100.13%	0	100.45%
2003	1	99.89%	2	100.11%	1	100.24%	0	100.57%
2004	1	99.94%	0	100.97%	1	100.30%	1	100.19%
2005	0	100.38%	1	100.61%	2	99.90%	0	100.66%
2006	0	100.44%	0	101.01%	1	100.33%	1	100.22%
2007	1	100.09%	0	101.08%	0	100.84%	0	100.73%
2008	0	100.78%	2	100.48%	1	100.67%	3	99.67%
2009	0	100.44%	2	100.13%	0	100.75%	1	100.16%
2010	0	100.88%	4	99.63%	0	101.08%	0	100.98%

续表

年份	印度尼西亚		英国		荷兰		瑞典	
	案件数	比例	案件数	比例	案件数	比例	案件数	比例
2011	0	101.08%	4	99.79%	5	99.07%	3	99.84%
2012	0	100.90%	3	100.05%	1	100.63%	3	99.66%
2013	0	100.63%	2	100.23%	1	100.40%	3	99.43%
2014	0	100.68%	3	99.95%	0	100.94%	2	99.98%
2015	0	100.38%	4	99.29%	0	100.66%	1	100.13%

注：本表中百分比是由贸易引力模型中加入知识产权调查案件数的出口拟合值除以剔除知识产权调查案件数的出口拟合值而得。

二、基于原告胜诉的"贸易缺口"测算

表5-4是以方程（5-2）为基础，将知识产权调查原告胜诉案件数量纳入到回归模型中进行测算得出调查结果导致的"贸易缺口"。同表5-3中基于知识产权调查案件总量的结果进行对比可以发现，表5-4的"贸易缺口"影响在增大。同样以中国大陆为例，各年份的"真实贸易出口拟合值"与"潜在贸易出口拟合值"之比绝大多数小于100%，其中最大值为100.39%，最小值为89.59%，平均值为95.81%，这意味着在考察期内，美国对中国发起的知识产权调查使中国出口到美国的出口额平均下降了4.19%，与表5-3中测算出的中国"贸易缺口"平均值相比较，原告胜诉的结果扩大了各贸易伙伴对美国的"贸易缺口"。

与上述分析一致，我们以原告胜诉数量（被告败诉）最多的案件来源地中国大陆、中国台湾地区、日本、韩国、中国香港特别行政区和加拿大为例进行横向对比。在样本研究期间内，中国大陆败诉124次，对美出口平均减少4.19%，平均每起案件导致出口减少0.0338%；中国台湾地区败诉100次，对美出口平均减少3.17%，平均每起案件导致出口减少0.0317%；日本败诉70次，对美出口平均减少1.62%，平均每起案件导致出口减少0.0231%；韩国败

诉61次，对美出口平均减少1.76%，平均每起案件导致出口减少0.0289%；中国香港特别行政区败诉43次，对美平均出口减少1.28%，平均每起案件导致出口减少0.0298%；加拿大败诉39次，对美平均出口减少1.06%，平均每起案件导致出口减少0.0272%。数据对比研究发现，经济体败诉案件越多，则对美出口平均减少越多。同样我们发现，每起败诉案件平均导致出口减少存在差异，按照影响大小排序为：中国大陆、中国台湾地区、中国香港特别行政区、韩国、日本、加拿大。这再次证明日本和加拿大在知识产权调查中具有丰富的应对经验，即使是败诉，其影响也相对较小。

尽管从估算的结果来看，似乎发起知识产权调查及调查结果对各贸易伙伴的"贸易缺口"不大，但如果对美出口的贸易规模较大，则"贸易缺口"效应可能会让我们吃惊。仍然以中国大陆为例进行说明。在2000~2015年的样本区间范围内，中国对美国年平均出口额为2254亿美元左右，平均4.19%的贸易缺口将导致中国大陆每年减少对美国出口94亿美元；而每年贸易缺口不断累加，其总规模是相当大的。如果这一贸易限制效应主要发生在某几个行业或某几个企业，则对这些行业或企业的冲击将是致命的。

表5-4　知识产权调查引致的"贸易缺口"：基于原告胜诉

年份	中国		中国台湾地区		中国香港特别行政区		韩国	
	案件数	比例	案件数	比例	案件数	比例	案件数	比例
2000	2	99.54%	5	97.62%	0	100.57%	0	100.81%
2001	1	100.39%	6	97.74%	2	99.07%	0	100.85%
2002	2	99.63%	3	99.12%	3	98.23%	1	100.09%
2003	6	96.70%	2	99.94%	1	99.87%	1	100.19%
2004	10	93.98%	5	97.86%	1	99.97%	1	100.31%
2005	7	96.13%	5	97.81%	0	100.74%	4	98.03%
2006	10	93.82%	2	99.92%	3	98.28%	4	97.94%
2007	16	89.59%	4	98.59%	3	98.46%	4	98.12%
2008	7	96.42%	6	97.12%	2	99.27%	4	98.09%

续表

年份	中国		中国台湾地区		中国香港特别行政区		韩国	
	案件数	比例	案件数	比例	案件数	比例	案件数	比例
2009	6	97.04%	8	95.44%	2	99.13%	5	97.12%
2010	14	91.76%	15	90.84%	9	94.24%	6	97.03%
2011	14	91.92%	14	91.68%	4	98.25%	11	93.25%
2012	5	98.27%	12	92.88%	2	99.50%	9	94.71%
2013	13	92.41%	5	97.22%	5	97.12%	5	97.62%
2014	8	96.06%	6	96.40%	6	96.32%	3	99.08%
2015	3	99.27%	2	99.08%	0	100.54%	3	98.61%

年份	日本		新加坡		德国		加拿大	
	案件数	比例	案件数	比例	案件数	比例	案件数	比例
2000	4	98.44%	0	100.43%	1	100.32%	1	99.59%
2001	1	100.70%	2	98.89%	1	100.38%	2	98.98%
2002	2	99.93%	0	100.45%	1	100.36%	1	99.63%
2003	1	100.75%	1	99.74%	2	99.74%	2	99.05%
2004	3	99.40%	1	99.86%	1	100.58%	1	99.85%
2005	2	100.09%	0	100.62%	1	100.57%	3	98.50%
2006	2	99.95%	1	99.78%	1	100.46%	2	99.10%
2007	4	98.61%	1	99.98%	3	99.16%	1	99.93%
2008	6	97.19%	4	97.77%	0	101.42%	2	99.29%
2009	5	97.80%	1	99.90%	2	99.80%	3	98.45%
2010	9	95.44%	1	100.54%	2	100.37%	6	97.00%
2011	12	93.29%	1	100.61%	4	98.94%	5	97.74%
2012	7	96.68%	0	101.05%	2	100.10%	7	96.11%
2013	5	98.04%	0	101.02%	1	100.81%	1	100.12%
2014	5	97.99%	1	100.24%	3	99.30%	1	100.08%
2015	2	99.72%	0	100.51%	2	99.53%	1	99.61%

续表

年份	以色列		马来西亚		菲律宾		丹麦	
	案件数	比例	案件数	比例	案件数	比例	案件数	比例
2000	1	99.58%	0	100.41%	1	99.55%	0	99.99%
2001	1	99.65%	0	100.47%	2	98.81%	0	102.42%
2002	0	100.36%	0	100.47%	0	100.39%	1	99.26%
2003	2	98.89%	2	98.91%	0	100.47%	0	100.17%
2004	1	99.78%	2	99.07%	0	100.57%	0	100.29%
2005	0	100.53%	1	99.89%	0	100.59%	0	100.28%
2006	0	100.42%	1	99.79%	0	100.51%	0	100.17%
2007	0	100.62%	0	100.82%	0	100.72%	0	100.36%
2008	1	99.92%	2	99.26%	0	100.78%	0	100.40%
2009	0	100.56%	0	100.73%	0	100.65%	0	100.26%
2010	0	101.18%	2	99.79%	0	101.31%	0	100.86%
2011	0	101.24%	0	101.49%	0	101.37%	0	100.90%
2012	1	100.15%	0	101.17%	0	101.07%	1	99.79%
2013	1	100.14%	0	101.13%	0	101.04%	0	100.53%
2014	0	100.88%	1	100.29%	0	101.02%	1	99.73%
2015	1	99.62%	0	100.55%	0	100.53%	0	99.96%

年份	印度尼西亚		英国		荷兰		瑞典	
	案件数	比例	案件数	比例	案件数	比例	案件数	比例
2000	0	100.24%	0	100.99%	0	100.64%	0	100.52%
2001	1	99.45%	0	101.04%	1	99.93%	1	99.77%
2002	0	100.29%	0	101.04%	0	100.70%	0	100.56%
2003	0	100.44%	2	99.70%	1	100.05%	0	100.69%
2004	1	99.77%	0	101.23%	0	100.93%	1	100.03%
2005	0	100.50%	1	100.53%	2	99.39%	0	100.79%
2006	0	100.47%	0	101.14%	0	100.82%	1	99.90%
2007	0	100.67%	0	101.32%	0	101.01%	0	100.88%
2008	0	100.70%	2	99.88%	0	101.06%	1	100.13%
2009	0	100.58%	0	101.17%	0	100.93%	0	100.75%
2010	0	101.31%	4	98.82%	0	101.51%	0	101.39%

续表

年份	印度尼西亚		英国		荷兰		瑞典	
	案件数	比例	案件数	比例	案件数	比例	案件数	比例
2011	0	101.39%	2	100.32%	3	99.24%	2	99.88%
2012	0	101.05%	2	100.02%	0	101.21%	1	100.33%
2013	0	100.96%	2	99.99%	1	100.40%	2	99.51%
2014	0	100.86%	2	99.98%	0	101.14%	1	100.26%
2015	0	100.32%	3	98.79%	0	100.61%	1	99.72%

注：本表中百分比由贸易引力模型中加入原告胜诉案件数量时的出口拟合值除以剔除原告胜诉案件数的出口拟合值而得。

第五节　结论与启示

美国发起的知识产权调查日益成为美国贸易保护的一大政策利器。本章在经典的贸易引力方程中加入知识产权调查变量，利用2000年到2015年美国同48个主要贸易伙伴的数据进行实证分析发现，美国发起的知识产权调查具有显著的贸易抑制效应。基于此，我们利用反事实模拟方法对各个贸易伙伴遭遇知识产权调查产生的"贸易缺口"进行测度，发现美国发起知识产权调查使得其主要贸易伙伴对美出口额平均下降0.84~3.37个百分点。进一步引入原告胜诉案件数量进行反事实模拟，发现原告胜诉案件数量对贸易伙伴对美出口产生更强的贸易抑制效应，平均下降1.06~4.19个百分点。横向对比而言，中国大陆遭遇知识产权调查后以及被判定侵权时产生的"贸易缺口"居于所有研究对象首位。同时，我们还发现，发达经济体较不发达经济体而言，美国发起知识产权调查以及原告胜诉后产生的贸易抑制效应相对较小。

由于美国知识产权调查后续的贸易救济手段非常直接，可以非常有效地将外国产品排斥在国门之外，这就需要各界高度重视美国的知识产权调查，积极应对，寻求解决方案，努力降低知识产权调查带来的不利影响。针对知识产权调查，本章的研究提供了如下政策含义。

首先，政府要高度重视。遭遇知识产权调查的企业一般会面临应诉成本高、对调查程序和规则不了解的窘境，这会导致应诉能力差的中小企业直接选择放弃应诉，进而可能使被调查的产品永远被排除在美国市场之外。而一旦形成不应诉和怕应诉的怪圈，此后将会有更多的调查接踵而至。因此每一例认真的应诉都是对其他潜在被诉出口企业产生的外部正效应。从这个意义上而言，政府要高度重视被调查企业的应诉情况，采取措施提高应诉率及胜诉率。一方面政府可以给被诉企业提供法律咨询、法律援助、信息提供、政策咨询等相关服务，帮助被诉企业了解应诉程序及规则；另一方面采取一定措施降低企业应诉费用，以鼓励更多的企业积极应诉。

其次，与其他经济体一起寻求WTO等多边贸易机构的支持。通过考察美国发起知识产权调查的时间序列数据，可以发现在经济繁荣的时候调查案件数量较少，在经济波动较大的时候调查数量较多，尤其是在2008年发生经济危机前后，对中国大陆、中国台湾地区、韩国、日本和德国等这些经济体展开高频度知识产权调查。这些现象表明发起知识产权调查频次的高低与美国经济表现有着直接的因果关系，这从侧面印证了知识产权调查的"保护贸易"本质。因此，各经济体应从战略的高度建立一套协商机制，高举共同维护多边贸易体制的旗帜，反对单边贸易保护主义，共同应对美国频繁发起的知识产权调查。进一步加强对美国知识产权调查相关研究的国际合作，分析讨论美国知识产权调查的程序与规则，尝试发现其与WTO规则可能存在冲突的问题，并共同向WTO发起磋商，对美国形成压力。

再次，出口企业要做好知识产权调查预警防范。企业在决定向美国市场出口时，尽可能做到知己知彼。出口企业要了解美国市场上主要竞争对手的知识产权拥有情况、技术水平、市场占有率、利润水平、就业人数等。一旦主要竞争对手经济指标出现重大下滑的时候，要特别小心这些企业以知识产权调查为手段的"敲竹杠"行为。但如果我们对竞争对手的技术和知识产权状况了然于胸，就可以降低对方"敲竹杠"成功的概率，进而可能降低其发起知识产权调查的概率,毕竟原告也要付出高昂的律师及诉讼成本。

最后,自身加强知识产权保护,适时构建符合自身特点的知识产权调查体系。发展中国家和地区经济发展到一定程度,国内自主创新力量开始集聚,与国外的强知识产权保护形成合力要求发展中国家和地区强化实际知识产权保护。我国目前经济总量已经位于世界第二,进一步强化知识产权保护既是保护国内自主创新企业发展的需要,同时可以强化出口企业的知识产权保护意识,从而可能在一定程度上逐步改变美国对中国企业的知识产权保护态度的认知,经过一段时间累积可能会降低我国企业遭受调查的频次。另外,在国内自主创新累积到一定程度的时候,可以借鉴美国知识产权调查程序和规则,构建自己的知识产权调查体系,提升自身的报复能力,潜在降低我国企业在美国遭遇知识产权调查的概率和数量。

第六章　美国知识产权调查案件判决的影响因素分析

第一节　特征化事实与问题的提出

自2001年中国加入世界贸易组织以来，中国成功地抓住了全球化的发展机遇，成为当今世界重要的贸易大国之一。当然，伴随着中国贸易量的大幅跃升，不可避免地与贸易伙伴之间产生了竞争和摩擦。美国为保护本国产业的健康发展和知识产权密集型的出口贸易，极力在全球推广知识产权保护体系，由保护知识产权导致的摩擦也日益上升。实际上，看似公平的知识产权调查，其实是戴着"公平贸易"面具的贸易保护主义，知识产权调查不仅认定条件简单、期限短，而且救济措施严厉，并且只要申诉者证明进口产品侵犯了美国的知识产权、美国国内也有相关的产业即可，无须证明进口商品对国内产业造成了实质性损害，因此知识产权调查相比反倾销等其他贸易壁垒更易操作，更易对企业产生损害，给多国出口到美国的企业造成了严重的损失。当企业面临知识产权调查时，一般有两种选择，一是不应诉，将会直接被判侵权。实际上，根据美国国际贸易委员会（USITC）不公平进口调查信息系统数据得知，2009年至2015年间，70.21%的被诉企业未应诉后会面临的救济措施有普遍排除令、有限排除令、停止令等，有限排除令针对的是被诉企业的产品及其上下游产品和上游零部件进入美国市场。普遍排除令不管侵权产品来自哪国，只要国外进口商或国内销售商不能证明其产品没有侵权，该产品就将禁止对美国的出口。停止令要求被诉企业立即停止已有的侵权行为，一般企业被判定侵权，就会导致该企业甚至该行业失去美国市场。并且未应诉企业要付巨额的赔偿金、律师费,对于企业造成巨大的损失。表6-1统计了世界和中国遭遇知识产权调查后救济措施的占比情况,可以发现美国对不同国家和地区的救济使用存在较大差异,对中国的救济措施极其严厉,无论哪种救济措施占比均超过世界平均水平。

表6-1　2009~2015年世界及中国救济措施占比汇总表

救济措施	世界	中国
普遍排除令	0.041	0.132
有限排除令	0.095	0.132
停止令	0.083	0.163

数据来源:USITC不公平进口调查信息系统。

被诉企业还可以选择应诉,然而整个诉讼过程的总费用通常超过300万美元,不仅胜诉概率较小,而且被诉方胜诉后也不能弥补其诉讼费用。一般的知识产权案件会持续3年或4年,但案件调查一般为12个月,特别复杂的情况会延长至18个月,由于对国外法律的不了解和语言障碍,中国企业往往在短时间内难以收集证据并赢得诉讼。因此,知识产权调查已经从保护美国知识产权不受侵犯的公平性调查,逐渐发展成为美国的一种不合理和不公平的知识产权壁垒。根据以上分析,本章聚焦于知识产权调查中判决结果的不公正性,探究有哪些宏观因素决定着美国的知识产权调查的判决结果。

对于知识产权调查的宏观影响因素,已有文献主要得出以下结论。弗罗斯特(Frost,1995)研究发现,知识产权调查与发达国家的技术创新有着正向关系,与发展中国家的技术创新呈负相关。吴民平(2008)通过研究USITC审查案件的实践总结出其认定"损害"的10种考虑影响因素,然而是否构成损害,要依据案件的具体情况进行个案认定;吴郁秋(2009)认为美国拥有科学技术水平优势,是世界最依赖于知识产权保护的国家,而中国企业保护知识产权的意识还未普及,导致被起诉时无力为自身反击;余乐芬(2011)从内部原因和外部原因两个角度分析了中国为何频繁遭受知识产权调查的原因。她认为是贸易保护主义下发达国家构建新型贸易壁垒以及企业遭遇知识产权调查时应诉不积极所致，且随着中国对美国出口产品结构的不断提高，美国感受到了来自中国的竞争压力，使得美国对中国发起的贸易调查也慢慢发生变化；代中强（2010）分析出中国企业频繁遭受知识产权调查的主要原因是中国专利的竞争力不强，发展中国家对待知识产权普遍具有"强名义保护""弱实际保护"的特征，以及中国还没有类似于美国知识产权调查的报复手段。黄晓凤（2011）研究发现，由于中美专利竞争力相差悬殊，美国对华知识产权调查以专利侵权为主，美国对中国发动知识产权调查案件数量与中国高新技术品对美国的出口额成正相关关系，知识产权调查控制了外国企业向美国的出口数量，起到了保护本国企业的作用；彭红斌和石磊（2012）认为在美国存在众多利益集团，通过影响国会议员进而影响国会立法。当美国行业企业组成利益集团和行业协会向国会施压时，国会向美国的行政部门施压。从而可能影响美国的进口贸易；蒋旦悦（2014）利用实证数据分析得出美国遏制中国发展、贸易保护主义和中美贸易逆差是美国发起对华知识产权调查的主要原因；徐全红（2015）认为，美国发起知识产权调查的次数与美国的经济周期密切相关，当经济不景气时知识产权调查数量就会随之增加；冯伟业和卫平（2017）认为中美知识产权法律体系存在差异、贸易不平衡，我国个人和企业知识产权保护意识淡薄。希克森（Hickerson，2017）认为虽然USITC本质上是一个行政机构，总统有很多方式去影响知识产权调查，且"337条款"可能会被修改以获得USITC的救济，保护国内产业的发展。

以往的文献多为对知识产权法律条款的研究，或是知识产权调查的近期趋势以及美国对中国知识产权调查原因与对策的定性分析，还没有学者对知识产权调查中不同时间、不同国家侵权率存在差异这一现象进行分析。而且以往文献定量分析少，缺少对世界样本的分析，本章从知识产权背后的经济因素、政治因素出发，利用2009年至2015年世界样本实证研究知识产权案件判决背后的影响因素，以此为建立有效的预警机制和应对措施服务。

第二节　判决结果的影响机理及模型设定

本章认为，影响美国知识产权判决的主要因素有：美国国内政治因素、美国国内经济状况、美国来自贸易伙伴的贸易压力、贸易伙伴知识产权保护水平等。根据以上推测，本节先对知识产权调查判决的影响机理进行详细分析。

一、影响机理分析

（一）美国国内政治因素

根据经验发现，知识产权调查案件判决存在着随意性和不确定性，美国总统有很多途径影响调查结果。首先，USITC 的委员是由美国总统任命，总统任职期间将有权任命新的委员，而新任命的委员很可能支持总统的贸易保护政策；其次，总统有权因其认为合适的任何理由撤销 USITC 发布的排除令，出于保护国内产业的目的，总统可能会更多地撤销 USITC 发布的不符合其对外贸易政策的排除令；再次，政治人物试图影响 USITC 的裁决并不罕见，比如提交证词、亲自作证和削减 USITC 资金。在总统公开推行贸易保护主义政策的情况下，USITC 本质上作为一个行政机构，其立场本质与新一届政府一致。"337 条款"可能会被修改以使得国内产业更容易获得 USITC 的救济，行业内企业可以组成政治行动委员会（PAC），PAC 通过捐资游说国会议员，国会议员通过听证会或者立法等一系列方式向 USITC 施加压力；USITC的意见受到国会议员的影响，反映在案件的判定结果中。表 6-2 为对美国国际贸易委员会中涉及知识产权调查常见的行政法官 1972 年至 2015 年所判定案件的统计，由此可以看出不同行政法官在面对知识产权调查案件时判决的严厉程度有着显著的差别。

根据上述分析，我们选取政治压力变量 democratst 作为解释变量，democratst 为美国民主党执政虚拟变量，根据联邦选举委员会（Federal Election Commission，FEC）的数据统计，美国企业和工会的捐资情况存在明显的党派差异，行业企业对共和党的捐资比例更高，行业工会业对民主党的捐资比例更高，对共和党捐资极少。可推断出民主党是劳工利益的代表，共和党则是企业利益的代表，知识产权调查的申诉者大部分为企业，所以在民主党执政年份，预期会有更低的侵权率，预期符号为负。

表6-2　1972~2015年行政法官判案的侵权率汇总

行政法官	判定侵权的案件数	参与案件总数	侵权率
Theodore Essex	29	42	0.690
Thomas Pender	16	16	1.000
Sandra Lord	1	3	0.333
Charles Bullock	42	65	0.646
David Shaw	4	6	0.666
Edward Gildea	17	23	0.739
Robert Rogers	19	23	0.826
Carl Charneski	23	28	0.821
Paul Luckern	93	127	0.732

数据来源：USITC不公平进口调查信息系统。

除此之外，美国国内政治因素还选取了美国大选年度作为虚拟变量，用 election$_t$ 表示。图6-1显示，美国大选年份（2008年、2012年、2016年）会有更多的知识产权调查，这是由于大选年份国会议员候选人可以接受PAC捐资，从而对USITC施加压力，我们认为这些年份中侵权率可能会更高，预期符号为正。

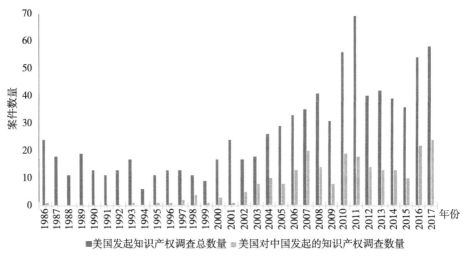

图6-1　美国对全球及对中国发起知识产权调查数量对比❶

（二）美国国内经济状况

从图6-1可看出美国在2001年之后频繁发起知识产权调查，并且美国凡是大选的年份（2008年、2012年、2016年）发起的知识产权调查数量都比其他年份更高，2008年美国次贷危机时发起的知识产权调查更是达到一个新高峰，此后直到2015年经历了一个略微的下降，自2016年美国大选特朗普当政以来，发起知识产权调查的力度明显增加。2002年至2017年，中国有13年成为美国发起知识产权调查最多的对象，对我国出口造成了严重影响。

用lnusgdp$_t$表示美国国内经济状况，代表美国当年的国内生产总值。我们预期，如果美国经济衰退，为保护其国内产业的发展和稳定就业，美国将加大通过成本低廉且伤害效应强的知识产权调查来保护美国的经济恢复与增长。经济增长越差的年份会有更多的案件被判侵权，美国国内GDP对侵权率有负向影响，其数据来源于美国劳工统计局❷。

（三）贸易伙伴知识产权保护水平

由于知识产权调查关注的重点为知识产权，本章继续选取世界经济论坛

---

❶ USITC不公平进口调查信息系统。

❷ 数据网址为https：//www.bls.gov/。

（World Economic Forum）每年在《世界竞争力报告》发布的知识产权保护指标 wef_{it}，WEF 为各国实际知识产权保护指数，与以往的名义知识产权保护 GP 指数不同，由于多数发展中国家在知识产权保护的过程中出现"强名义保护"和"弱实际保护"的特征，我们选取的实际知识产权保护数据更贴近现实情况。我们预期，一个国家的知识产权保护程度越高，被判的侵权率越低，预期估计系数为负，数据来源为世界经济论坛各年度《世界竞争力报告》[1]。

除整体知识产权保护水平外，本章还采用当年美国授权贸易对象专利的数量指标，表示为 $adpatent_{it}$。贸易伙伴在美国拥有的专利越多，被判的侵权率越低，预期估计系数为负。其数据来源于美国专利及商标局[2]；同时出于计量稳健性的需要，贸易伙伴每年拥有的国际专利也将纳入解释变量进行考虑。国际专利数据来源于世界知识产权组织数据库[3]。

（四）美国来自贸易伙伴的贸易压力

美国来自贸易伙伴的贸易压力因素，本章选取 $exchange_{it}$ 表示美国与贸易伙伴间汇率变量。若贸易伙伴汇率贬值，则美国将会面临增加从该贸易伙伴进口的风险，从而可能对美国国内进口竞争厂商造成冲击。基于此，贸易伙伴对美元汇率贬值，可能会造成侵权率上升。美国与贸易伙伴贸易赤字用 $pabalance_{it}$ 表示，从宏观层面看，过高的贸易逆差损害美国经济，对美国产业构成威胁，因此美国将会更加支持对贸易伙伴发起知识产权调查，并尽可能提高案件判决的侵权率。其数据来源于联合国 comtrade 数据库[4]。

二、模型设定及数据处理

（一）侵权率的计算

知识产权调查一般会面临撤诉、未发现侵权、同意令、和解、未应诉、发现侵权等判决结果，撤诉和未发现侵权意味着原告败诉，发现侵权代表着被告

---

[1] 数据网址为 https：//www.weforum.org/。

[2] 数据网址为 https：//www.uspto.gov/web/offices/ac/ido/oeip/taf/appl_yr.htm。

[3] 数据网址为 http：//ipstats.wipo.int/ipstatv2/pmhindex.htm?tab=pct。

[4] 数据网址为 https：//comtrade.un.org/。

败诉，但和解和同意令对于被诉企业来说受到的损害不亚于败诉，和解在私下要支付给原告企业高昂的专利费等一系列补偿，同意令与和解非常相似，只是USITC还保留了管辖权。由表6-3可看出，根据2009年至2015年的案件统计，中国企业的平均胜诉率（撤诉加未发现侵权）为31.62%，低于世界平均胜诉率36.59%。

表6-3　2009-2015年世界及中国判决情况汇总表

判决结果	世界数量	世界比重	中国数量	中国比重
撤诉	76	0.226	19	0.193
和解	181	0.538	33	0.336
未发现侵权	47	0.139	12	0.122
未应诉	43	0.127	30	0.306
同意令	64	0.190	25	0.255
发现侵权	29	0.086	11	0.112
其他	27	0.080	4	0.040

数据来源：USITC不公平进口调查信息系统。

本章的被解释变量tortrate$_{it}$为侵权率，用当年美国对该国发起的知识产权调查中判定被侵权的案件数（未应诉、发现侵权）除以当年该国被起诉的总案件数量，以表示该国当年的被诉侵权情况，数据来源于美国国际贸易委员会的不公平进口调查信息系统。[●]

（二）模型设定

根据前面的机理分析，本章设定的检验模型如下

$$tortrate_{it} = \alpha_0 + \sum \alpha_k control_{it} + \mu_{it} \tag{6-1}$$

式（6-1）中，tortrate$_{it}$为t年美国贸易伙伴i的侵权率。control$_{it}$表示模型的控制变量：美国与贸易伙伴的贸易赤字（pabalance$_{it}$）、汇率（exchange$_{it}$）、贸易伙伴PCT专利申请量（pct$_{it}$）、民主党是否执政（democrats$_t$）、美国大选年度（election$_t$）、美国国内GDP（lnusgdp$_t$）、知识产权保护水平（wef$_{it}$）、贸易伙伴

[●] 数据网址为https://pubapps2.usitc.gov/337external/。

在美国获得的发明专利授权数（adpatents$_{it}$）。以上变量的统计特征及预期符号见表6-4。

表6-4 变量描述及预期符号

变量	变量含义	样本量	均值	标准差	最小值	最大值	预期符号
tortrate$_{it}$	贸易伙伴侵权率	462	0.2075	0.3476	0	1	
pabalance$_{it}$	美国与贸易伙伴的贸易赤字（百万美元）	462	-14701.57	49852.23	-386446.3	36518.16	+
pct$_{it}$	贸易伙伴当年PCT专利申请量	448	2976.86	6561.37	0	44053	
exchange$_{it}$	汇率	462	97.93	15.59	68.72	202.44	+
democrats$_{it}$	民主党执政	462	0.636	0.481	0	1	
election$_{it}$	美国大选年度	462	0.181	0.386	0	1	+
lnusgdp$_t$	美国GDP对数值	462	30.3605	0.09445	30.2032	30.5234	
wef$_{it}$	知识产权保护水平	462	4.676	1.152	2.400	6.479	-
adpatents$_{it}$	贸易伙伴在美国获授权的发明专利数	462	2395.94	7005.12	0	53848	

注：各变量的数据来源见本章影响机理部分说明。

第三节 实证结果分析

一、估计方法选择

由于数据的可获得性，本章采用知识产权调查涉案对象2009年至2015年的数据作为实证分析的样本。通过Hausman检验，认为固定效应模型优于随机效应模型，LR对数似然比检验显示模型不存在异方差。对解释变量做方差膨胀因子（VIF）检验，以确定解释变量间是否存在严重的多重共线性问题。检验结果显示，各解释变量的方差膨胀因子均值为1.84，最大值为2.5，均小于10，说明解释变量间不存在多重共线性。

二、实证结果讨论

表6-5中模型1为基准模型，在稳健性检验中，通过将美国授权的专利数替换为各国当年申请的PCT专利从而建立模型2，将模型1和模型2中的汇率替换为美国与各国贸易赤字从而建立模型3和模型4。下面将以表6-5中的估计结果来分析各因素对知识产权调查侵权率的影响。

第一，美元汇率exchange是我们最关心的变量，与预期相符，美元汇率exchange的回归系数为0.0835，不论在模型1或模型2中都在1%的显著性水平上显著，这说明随着汇率的上升，即美元升值，美国制造业的生产者感受到汇率变化所带来的进口压力，触发对进口厂商进行知识产权调查，产生"敲竹杠"效应，导致知识产权调查案件判定的侵权率会上升，但增加的幅度不大。具体地，在其他条件不变的情况下，美元汇率每上升1个单位，知识产权案件判定的侵权率会上升0.0835百分点。

表6-5　回归结果

变量	模型1	模型2	模型3	模型4
exchange	0.0835*** (3.42)	0.0844*** (3.36)	—	—
pabalance	—	—	−0.1467 (−0.83)	−0.1587 (−0.95)
adpatents	0.1644** (2.6)	—	0.1035* (1.82)	—
pct	—	0.0695** (2.63)	—	0.0476** (2.32)
election	0.0074 (0.14)	0.0025 (0.05)	−0.0177 (−0.33)	−0.021 (−0.4)
democrats	−0.1466** (−2.02)	−0.1468* (−2.00)	−0.1582** (−2.41)	−0.1577** (−2.41)
lnusgdp	−0.2342 (−0.59)	−0.2041 (−0.53)	−0.0085 (−0.02)	−0.001 (0.00)
wef	0.012 (0.15)	0.0045 (0.05)	0.0187 (0.22)	0.0144 (0.17)

变量	模型1	模型2	模型3	模型4
_cons	6.4699 (0.55)	5.611 (0.49)	0.3858 (0.03)	0.1938 (0.02)
估计方法	FE	FE	FE	FE
样本量	462	448	462	448

注：本表括号中为t统计量，***、**和*分别表示在估计的系数在1%、5%和10%的水平上显著。

第二，将汇率（exchange）变量替换为美国与贸易伙伴贸易赤字变量（pa-balance）后，回归结果显示，其对侵权率影响不显著。可能的原因是：汇率变化对企业的影响更直接，而美国和贸易伙伴的赤字对微观企业的影响比较间接。因此，美国制造业的生产厂商在感受到汇率的压力时，不仅会加大对贸易伙伴使用知识产权调查的频次，而且会导致在判决中出现更高的侵权率。这也更进一步表明美国发起知识产权调查的不公平性。

第三，贸易伙伴当年拥有的国际专利（pct）和美国授权专利（adpatents）的回归系数都显著，但系数与预期相反，其中申请PCT专利对侵权率的影响大于美国授权专利的影响。即申请的专利越多，美国越有可能认定被诉对象侵犯美国的知识产权。这进一步证实美国知识产权调查正是"借知识产权保护之名，行贸易保护之实"，利用知识产权调查来保护美国国内产业，打击竞争对手。

第四，美国民主党执政变量democrats在四个方程中都显著，模型1的回归结果显示，其影响系数为-0.1466，具有较为显著性的负向影响。即民主党执政的年份，判定侵权的案件更少；反之，共和党执政的年份，会有更多案件被判定为侵权，这在一定程度上符合共和党为企业利益代表者的立场。

第五，贸易伙伴实际知识产权保护水平对侵权率影响不显著。在知识产权保护方面，美国的单边主义色彩非常浓厚，它并不认可世界经济论坛发布的知识产权保护水平，只看自己的"特殊301报告"。因此，即使在国际上贸易伙伴知识产权改善情况已经得到认可，但并不能有效降低其在美国遭遇知识产权调查的侵权率。

第六，美国大选年度（2008年、2012年、2016年）虚拟变量对侵权率的影响不显著。尽管在大选年度，美国发起的知识产权调查数量会突然增加，这是因为大选年份行业企业可以进行捐资支持国会议员，议员可以向美国国际贸易委员会施压。但是election在四个方程中都不显著，可能是大选年度会有更多的知识产权调查案件，但实际判定的侵权率与其他年份没有特别显著的差异，美国企业出于自身利益的考虑利用知识产权调查给国外出口商造成压力，让国外出口商付出高昂的诉讼费，哪怕国外企业并没有侵犯他们的知识产权。知识产权调查这一便捷灵活的手段就沦为了美国企业打击竞争对手的工具。

第七，美国GDP对侵权率的影响不显著。这说明，知识产权调查是否侵权与美国宏观经济状况关系不大。或者说，影响侵权判定的因素中被诉企业拥有的专利数量以及美国党派执政等因素更为关键。

第四节　结论与启示

本章从宏观层面深度剖析美国知识产权案件判定的侵权率的影响因素。得出如下结论：美元升值、贸易伙伴拥有专利数量的增加和共和党执政将显著提升美国知识产权案件判定的侵权率。美国大选年度的影响符合预期，但统计不显著；贸易伙伴与美国的经贸关系、企业拥有的知识产权数量和美国国际贸易委员会背后的政治因素是案件判决中主要的影响因素。为了有效降低知识产权判决的侵权率，结合本章实证结果，提出以下政策建议。

首先，国家层面要联合其他受害方与美国进行战略对话，共同对美国知识产权调查提出质疑。为了避免处于被动地位，任由美国这一不公平法律宰割，各国应该联合起来，要求美国修改"337条款"中不合理的部分，并尽可能消除各国企业进入美国市场的知识产权壁垒问题。

其次，要重视知识产权的立法问题，构建自己的反制措施。以往美国使用的反倾销等贸易壁垒，很多国家也拥有同样的手段予以反击，但美国的知识产权调查却少有国家重视，并能够成立类似于"337条款"这样的法律条款对本国专利进行保护。虽然近些年已经有其他国家作为申诉者在美国起诉了美国企业侵犯其知识产权，但毕竟美国国际贸易委员会作为一个行政机构，立场与国家立场一致，很难公平公正地代表每个国家的利益，未来各国应重视知识产权立法，提出有效的救济措施来保护本国产业的发展。

再次，企业在美元对本国货币升值的年份、共和党执政的年份以及美国大选的年度要更加注意规避贸易摩擦。在出口货物之前，企业可以结合自身情况，通过咨询中国的律所或者国内外专家，确定是否存在类似产品知识产权调查的历史经验，了解侵权诉讼成功可能性的大小。如果企业缺少了解知识产权保护方面的专家，很可能导致公司付出高昂的代价，形成重大隐患。虽然加大企业的科研投入，掌握核心技术，是企业保护自己权益的核心措施。但是更重要的是，企业要有知识产权预防意识，在生产、设计的过程中多研究美国企业的专利，规避与美国类似技术所带来的知识产权调查的风险。国际贸易竞争日益激烈，使得知识产权保护成了一项重要的贸易保护手段，一味地申请专利可能会引起美国企业的恐慌，反而遭受打击。因此，企业只有掌握核心技术，并将技术细化，培养自己专有技术，增强企业的竞争力，并且多研究美国企业的专利、美国的专利法，从而避免被动的局面。

第七章　厦门金达威公司应诉知识产权调查的经验与启示

第一节　公司简介

厦门金达威集团股份有限公司（以下简称"金达威"）成立于1997年11月，是国家火炬计划重点高新技术企业和创新型试点企业，公司于2011年10月28日在深圳证券交易所挂牌上市。公司立足于医药原料制造，现已发展成为保健品、运动营养品制造行业的新星，形成从原料研发制造—成品研发制造—品牌营销—渠道布局—品牌传播系列大健康全产业链。目前，拥有28项国内外发明专利、"国家驰名商标""国家企业技术中心"等荣誉称号。金达威现已投资建成总占地面积约23万平方米的四个按GMP规范建设的生产基地，拥有1000多名在职员工。金达威研发生产的辅酶Q10、微藻DHA、植物性ARA、维生素A及维生素D3五大系列产品远销全球数十个国家和地区，是全球著名的营养强化剂生产企业。

本章以金达威为例，通过介绍其与日本钟渊化学（Kaneka）公司之间的知识产权纠纷案件过程，对金达威公司的应诉历程以及胜诉的原因进行研究分析，从中获知我国企业积极应诉知识产权调查可采取的措施、累积企业应诉知识产权调查的相关经验。

第二节　厦门金达威公司应诉历程

厦门金达威公司同日本钟渊化学公司之间的知识产权纠纷起于2011年3

月。在2005年之前，全球辅酶Q10的供应主要由日本企业垄断，日本钟渊化学公司更是其中的佼佼者。而从2005年开始，厦门金达威公司通过培育的新品种低成本生产辅酶Q10并以其物美价廉的产品特性迅速抢占市场。这对占据主要竞争市场的钟渊化学公司造成了巨大的威胁，于是钟渊化学公司对厦门金达威公司提起了诉讼。辅酶Q10俗称维生素O，其相关的保健产品和减肥产品在美国、欧洲及澳大利亚等地广受欢迎，尤其在美国，辅酶Q10在同类产品中最受欢迎。对于厦门金达威来说，辅酶Q10是其享有自主知识产权技术的产品，作为公司经营的主要产品之一。其系列产品主要依靠出口销售，在收入构成中占据重要部分。因此，日本钟渊化学公司发起的侵权诉讼对金达威至关重要。

2011年3月22日，钟渊化学公司在美国加州中央区地方法院提起诉讼。诉称包括厦门金达威在内的四家公司的辅酶Q10侵犯了其在美国注册的7910340号专利，要求临时及永久性的禁止公司及代理机构再行侵权，并予以不少于合理许可使用费的赔偿，及故意侵权的三倍赔偿等。

2011年6月17日，钟渊化学公司向美国国际贸易委员会（USITC）提交了知识产权调查申请，要求对包括金达威在内的多家被告企业发起知识产权调查，并发布普遍或有限排除令及禁止令。面对美国的知识产权调查，金达威公司选择了应诉，并迅速聘请了专业律师配合工作。

2012年9月27日，美国国际贸易委员会（USITC）初步裁定金达威没有侵犯钟渊化学公司知识产权专利，没有违反美国337条款。

2012年12月7日，在经过1年多的调查后，美国国际贸易委员会（USITC）正式发布了判决书认定厦门金达威没有侵犯钟渊化学公司的权利，没有违反美国337条款。钟渊化学公司有权在2013年2月6日前就美国国际贸易委员会（USITC）提起诉讼。

2013年2月6日，日本钟渊化学公司未对美国国际贸易委员会（USITC）

的最终裁决提出上诉请求，因此这场知识产权纠纷以厦门金达威的胜利告终。

美国的知识产权调查是主要针对在美国市场上侵犯了美国知识产权的进口产品进行的调查。知识产权调查具有受理时间短、认定条件简单、应诉费用高昂及措施严厉的特点。一般的知识产权调查诉讼案件都长达三四年，而知识产权调查时间一般为12~15个月。此外，知识产权调查只需证明进口产品的侵权事实和美国存在或在建相关产业即可，被判定确实侵犯被控权利时，将对诉讼申请人进行赔偿并将永久退出美国市场。对于在美企业或是在美国拥有专利的外国企业来说，知识产权调查将成为其行使自身知识产权及维护美国市场份额的主要途径。

在长达两年的知识产权调查中，金达威先后耗费约两千多万元人民币进行积极应对，其中还耗费了大量的人力物力参与调查配合。在选择应诉接受美国知识产权调查的初期，金达威迅速反应，聘用了熟知知识产权纠纷相关法律调查的国内外知名律师，并在应诉后的一两个月内迅速整理出相关应诉证据。这些行为为之后的应诉过程打下了坚实的基础。在应诉的过程中，金达威主张由旗下辅酶Q10在菌种、菌种发酵产物及生产工艺方面与日本钟渊化学公司的产品在本质上有所不同，金达威并未对其有侵权行为。同时，金达威表示虽然没有侵权但依然有败诉的可能。金达威认为，若胜诉，则该案件将对辅酶Q10产品在美国市场上的生产经营有促进作用。即使败诉，公司支付合理的许可使用费用，仍可以向美国出口辅酶Q10。此外，金达威作为全球最大的辅酶Q10生产厂家之一，此次的诉讼引起广大业内人士关注并获得了国家商务部和厦门商务局的法律支持。金达威公司在与日本钟渊化学公司知识产权纠纷中最终取得的胜利，使得金达威免于三陪侵权惩罚并在美国市场上继续生产经营。此次的胜利不仅为金达威在美国加州中央区地方法院和法国的知识产权侵权诉讼提供了审判样本，而且对国内企业积极应对跨国的知识产权应诉产生了深远的影响。

第三节　知识产权调查对厦门金达威公司的影响

金达威公司因具有自主研发能力并事先做好了专利申请等知识产权保护手段，维护了自己的声誉和合法权益，在这场知识产权调查的诉讼案中胜诉，粉碎了竞争对手依靠法律设置贸易壁垒的意图，也增强了中国企业积极应对此类诉讼的信心。胜诉后的金达威不但没有被这次胜利冲昏头脑，反而更加注重自主创新能力，加大科研投入，积极开拓海外市场，产品贸易规模不断扩大，原本处于争议中心的辅酶Q10系列产品也在国际市场中占有较大份额的出口，美国拥有全球约70%以上辅酶Q10市场，该起胜诉将可以让公司的辅酶Q10系列产品继续出口美国，并更加迅速地扩大全世界的市场份额。下面我们以金达威公司的年报数据来分析知识产权调查对金达威公司产生的影响。本章利用金达威公司2011~2015年（调查前后）的年度报告，通过对比分析知识产权调查对金达威出口贸易和研发支出的影响。

一、贸易限制效应

余乐芬（2011）发现，已经裁决的案件中只有25%发现侵权成立。这意味着起诉厂商真正的目的在于利用于信息的不完全性，达到威慑进口商并阻碍其进口被诉企业产品的作用。特别是对于一些更新换代快的产品，还未等到原告撤诉、和解，更不要说到最终判决，该产品就已进入衰退期甚至退出市场。一般而言，在案件调查期间，理性的进口商都会减少甚至停止涉案产品进口。而一旦USITC做出未侵权的判决，则该产品的出口销售将得以恢复，甚至会出现增长；如果做出的是侵权的判定，则该产品基本就面临退出美国市场的窘境。我们通过金达威公司的年报来分析是否存在知识产权调查的贸易限制效应。

2011年，金达威公司实现全年营业收入577944959.02元，比上年增长

7.77%，国外销售收入同比减少1.76%，毛利率同比减少3.26%，辅酶Q10系列毛利率同比减少5.92%。

2012年，实现全年营业收入675975970.22元，比上年增长16.96%，国外销售收入比上年同期增加7.31%，毛利率比上年同期减少10.21%，辅酶Q10系列毛利率比上年同期减少10.21%。

2013年，实现全年营业收入670158447.13元，比上年减少0.86%，国外销售收入比上年同期增加17.76%，毛利率比上年同期增加0.24%，辅酶Q10系列毛利率比上年同期增加6.35%。

2014年，实现全年营业收入838250286.73元，比上年增加25.08%，国外销售收入比上年同期增加33.77%，毛利率比上年同期增加7.18%，辅酶Q10系列毛利率比上年同期增加2.02%。

2015年，实现全年营业收入1203809，133.75元，比上年增加43.61%，国外销售收入比上年同期增加57.86%，毛利率比上年同期减少4.30%，辅酶Q10系列毛利率比上年同期增加1.84%。

由以上数据可知，在2011年和2012年，金达威正陷于知识产权调查中，国外销售收入毛利率在不断下降，尤其是辅酶Q10系列产品的毛利率大幅减少，说明知识产权调查对其对外贸易的开展是有不良影响的。2013年金达威摆脱了知识产权调查后，国外销售收入毛利率和辅酶Q10系列产品的毛利率都有大幅回升，2013年年底地方法院诉讼案也顺利结束，在此后的2014年和2015年辅酶Q10系列产品的毛利率也都保持稳定增长。由此可见，知识产权调查对企业存在比较明显的贸易限制效应。

二、研发促进效应

一旦公司遭遇知识产权调查后，不管诉讼结果最终如何，都意味着企业在技术方面可能存在一定的劣势。这可能会促使企业在研究开发方面加大投资，并通过在国内外申请专利的方式来展现其在技术上的优势。下面以金达威遭遇知识产权调查前后的研发情况进行说明。

2011年公司研发支出总额为28755462.63元，占营业收入比重4.98%，年度报告期内公司共有3项发明专利获得授权，8项发明专利获受理。

2012年公司研发支出总额为34452605.22元，占营业收入比重5.10%，同比增加19.81%，年度报告期内，公司研发中心开展了20个项目的研究开发工作，共有3项发明专利获得授权，5项发明专利获受理。

2013年公司研发支出总额为39982503.28元，占营业收入比重5.97%，同比增加16.50%，共开展32个项目的研究，年度报告期内，公司6件中国发明专利获得授权，申请中国发明专利3件，申请PTC专利1件，申请美国专利2件。

2014年公司研发支出总额为41461828.94元，占营业收入比重4.95%，同比增加3.70%，年度报告期内，公司4件中国发明专利获得授权，1件美国专利获得授权，申请中国发明专利6件。

2015年公司研发支出总额为33928012.18元，占营业收入比重2.82%，同比减少2.13%，年度报告期内公司5项中国发明专利获得授权。

综上，自从2011年金达威被控告侵犯知识产权后，2012年开始明显加大了研究开发工作的力度，并注重知识产权保护，开始在国内外积极申请专利保护。截至2017年6月，公司共申请专利69件，其中发明专利占比90%；获得授权专利35件，含2件美国专利。因此，在一定程度上可以说，知识产权调查促进了企业的研发和创新。

第四节　厦门金达威公司应诉的经验总结

金达威应诉的胜利，对我国企业正面应对知识产权调查无疑是有积极影响的。在这个案例中，日本钟渊化学公司面对厦门金达威的低成本的辅酶Q10在美国市场上份额扩张的威胁，选择采取法律手段试图对金达威辅酶Q10的出口产生影响，阻止其产品进入美国市场。事实上，本书一再指出，许多诉讼企业申请启动知识产权调查，往往是以此为手段，希望利用知识产权调查对对手的生产经营产生影响从而迫使对方妥协。而由于知识产权调查时间长、费用高及举证繁琐等特性，面临诉讼的企业大都会选择以私下和解、支付赔偿方式进行应对。在本案中钟渊化学公司亦是如此。在金达威选择应诉并在聘用的中美两国律师的帮助下迅速准备好几十万页的材料提交美国国际贸易委员会（USITC）时，本以为提起诉讼就能使金达威公司知难而退的钟渊化学公司并未做好诉讼准备，不仅未准备好相应的材料证人，而且在诉讼过程中出现多次修改自身言论、自我矛盾的情况，致使金达威获得最终胜利。

从金达威成功应诉钟渊化学公司申请的知识产权调查过程中，可归纳出以下经验：

一、面对知识产权调查诉讼，要敢于应诉，维护自身的合法权益

在面对其他企业发起的知识产权调查时应敢于积极应诉，而不是一味地选择妥协、被"敲竹杠"。同时，应诉企业应善于分析对手的真正目的，从而采取更快更有效率的针对性应对措施。企业应认识到知识产权技术作为其在市场上的核心竞争力，一旦妥协，不仅企业的相关产品的市场份额将大大受到影响，而且"不明真相的群众"也将因此对企业的信誉产生怀疑。厦门金达威公司在面对日本钟渊化学公司向美国国际贸易委员会申请发起知识产权调查时积极应诉，并在短时间内准备好相关材料，这大大超出钟渊化学公司的预想并打乱了钟渊化学公司的计划。可以说，金达威的胜利一部分应归功于其应诉的决心与果断。

二、尽快找到合适的法律专业人士

在应诉过程中，要迅速配备专业的法律人士，尽快了解相关知识产权的法律知识，并配合其寻求合法的解决途径、对可能发生的结果提前做好应对准

备。美国的法律制度主要依靠"判例法"原则。这意味着审判的方法结果基本遵从已判决的同类型案例进行审判。因此，在应诉知识产权调查时，一个熟知相关知识产权法律细节的专业律师将在调查审判过程中起着至关重要的作用。金达威在应诉后，立即聘请了美国安吉利律师事务所及中国江苏泰和律师事务所代理诉讼工作。拥有丰富的代理知识产权调查经验的律师在一开始就发现公司的恐吓意图，从而带领金达威以主导地位获得了最终的胜利。

三、领导核心主动承担责任，保持镇定，稳定军心

维权是一个艰难的斗争过程，过程中可能会出现矛盾、动摇等不利因素。而一个勇于承担责任的领导者将是一个优秀团队中不可或缺的核心部分。攘外必先安内。核心的领导者拥有着决策权，在艰难斗争中承担主要的压力可使决策团队内部统一，上下一心，积极配合应对侵权调查。金达威公司的控股股东和实际控制人江斌在应诉知识产权调查时出具《承诺函》，承诺愿全额承担败诉的损害赔偿。这一举措主动承担了主要责任，安抚了其他的投资人，致使金达威在应诉知识产权调查过程中保持积极状态。

四、要加强对知识产权的监管防护，避免侵犯或被他人侵犯权利

企业应建立内部知识产权保护体系。在体系外应时时监测国际上的知识产权申请情况，防止与他人"撞车"。在发现"侵犯"了其他企业的知识产权时，要及时采取修改生产工艺等措施，修整企业的知识产权。在确实侵犯他人的权利时，应主动采取赔偿措施与对手进行和解。金达威在美国没有申请辅酶Q10相关的知识产权，而日本钟渊化学公司早金达威一步优先获得了辅酶Q10的知识产权，因而能对金达威发起知识产权调查，以遏制金达威在美国市场的发展。

五、要正确认知企业在应诉过程中的责任义务

企业在应诉初期就应快速了解自身在调查中所处的角色定位，明确在调查

中的责任义务，以准备万全的姿态应对对手的攻击。金达威在应诉初期便在所聘律师的指导下完成了企业的举证责任，迅速提交了十几万页的相关材料。而相反的是，日本钟渊化学公司在金达威应诉后迟迟交不出证据，在审判的供词方面也漏洞百出，前后矛盾。在这样的情况下，金达威保持主导地位，一步步地走向了胜利。

第八章 华为公司应诉知识产权调查的经验与启示

第一节 公司简介

华为技术有限公司是一家生产销售通信设备的民营通信科技公司，于1987年正式注册成立，总部位于中国深圳市龙岗区坂田华为基地，是一家由员工持有全部股份的民营企业，目前有18万员工，业务遍及170多个国家和地区。

华为是全球领先的信息与通信技术（ICT）解决方案供应商，专注于ICT领域，致力于把数字世界带入每个人、每个家庭、每个组织，构建万物互联的智能世界。华为公司坚持稳健经营、持续创新、开放合作，在电信运营商、企业、终端和云计算等领域构筑了端到端的解决方案优势，为运营商客户、企业客户和消费者提供有竞争力的ICT解决方案、产品和服务，并致力于使未来信息社会、构建更美好的全连接世界。华为聚焦全连接网络、智能计算、创新终端三大领域，在产品、技术、基础研究、工程能力、标准和产业生态等方面持续投入，是客户数字化转型，构建智能社会的基石。华为IT致力于成为智能时代云数据中心的创新者，在人工智能、云计算、大数据等领域与客户以及伙伴联合创新，用芯片、架构等创新技术加速企业数字化与智能化进程。华为加入360多个标准组织、产业联盟和开源社区，积极参与和支持主流标准的制定、构建共赢的生态圈。截止到2017年底，华为累计获得专利授权74307件，累计申请中国专利64091件，累计申请外国专利48758件。其中，90%以上专利是发明专利。

第二节 华为公司应诉历程

一、初涉国际舞台：与思科的较量

我国刚加入世贸组织时，属于我国产业的凛冬时期，企业发展路程都不是很顺利。华为公司长期以来建立的知识产权管理战略，也是开始于2003年与思科的一场知识产权诉讼案件，这个案件可以说是我国通信行业的标志性事件。

1999年，华为公司新推出了接入服务器，从而引起了思科的关注，后来，华为的产品又延伸到了思科的核心竞争力——路由器和交换机市场，这样一来，思科在市场上的地位就受到了动摇，市场份额眼看着就要被华为夺走，于是思科就只好"先下手为强"，就知识产权对华为发起诉讼。

2003年1月23日，思科向美国德州地区法院起诉华为公司及华为在美国的子公司Future Wei，指控华为涉嫌盗用思科包括源代码在内的IOS软件，抄袭思科拥有知识产权的文件和资料并侵犯思科其他多项专利。

2003年2月4日，思科在向法庭递交的文件中称，华为在设法消除美国市场上的证据，阻止美国法庭就思科的指控做出裁决。

面对思科预谋已久的诉讼，华为公司一边做出明确的表态，表示包括华为公司以及名下的子公司，都非常重视和尊重知识产权，一边付出努力用实力向大家证明。

2003年3月20日，华为与3COM成立合资企业——华为-3COM公司，经营数据通信产品的研究开发、生产和销售业务。其中最突出的表现是，华为对新公司，不仅拥有控股权，而且全部以知识产权入股，这就很好地从侧面证实了华为的技术实力。

2003年6月6日，美国德州地区法院发布了一个初步的禁止令，判决华为停止使用思科提出的有争议的一些路由器软件源代码，包括操作界面以及联机帮助支持文件。

不过，华为-3COM公司的成立让华为获得了另外的通路，2003年7月22日，3COM公司宣布，它已经获得必要的美国和英国政府颁发的出口许可批准。由此，华为可以与3COM公司分享与合资公司有关的3COM公司在美英研发的技术。

2003年10明1日，思科与华为签署一份协议，以中止在德克萨斯州地区法院的未决诉讼。作为该协议的一部分，两家公司已就一系列行动达成一致，并预期在全部实施该等行动以及独立专家完成审核程序之后，该诉讼将得以终止。

二、再接再厉：反诉摩托罗拉成功

2010年，华为公司在海外的名气已经较大，占据了通信行业一定比例的市场份额。摩托罗拉作为美国智能手机厂商，与华为在市场上存在着竞争关系。

当时的情况大概是这样的，有一家第三方公司没有经过摩托罗拉公司的授权就擅自使用其技术进行自身产品的开发和售卖，这原本跟华为公司没有半点关系，但是摩托罗拉恰好发现了这家公司与华为之间有一封沟通的邮件，于是便借助这个"把柄"对华为发起了知识产权诉讼。

面对这样几乎是空降而来的诉讼案件，华为开始了四到五个月漫长，但是非常周密的调查和安排，终于让华为找到了一个突破口。大概在2000年初，华为和摩托罗拉曾签署过一个OEM的协议，华为帮助摩托罗拉代工生产产品，作为交易条件，将公司的商业机密告诉了摩托罗拉。而此时摩托罗拉正打算出售网络业务给诺基亚，并且有可能把包含华为业务的保密信息拆分到诺基亚。华为因此向法院提起诉讼，美国法院立即下禁令，要求摩托罗拉必须拆分华为的信息，之后才能把网络业务卖给诺基亚。

面对美国法院下发的禁令，摩托罗拉可说是手足无措了，因为科技产品，技术系统什么的很多都是整合在一起的，很多细节的部分根本没有办法做拆分，结果是摩托罗拉主动向华为请求和解，不仅诉讼失败，还赔钱给华为，可谓是实实在在"赔了夫人又折兵"的案例。

三、更高段位的交锋：博弈美国IDC公司

有了之前的积累，华为公司应诉知识产权调查已经形成了自己的一套完整机制，面对知识产权诉讼，华为会积极乐观，果断地用法律保护自己的利益。

2013年1月31日美国国际贸易委员会对3G、4G无线设备发起知识产权调查，华为这次选择了更有效的方式，运用反垄断规则，在我国起诉美国国际贸易委员会垄断侵权。

2011年12月6日，华为向深圳市中级人民法院提起对IDC公司的反垄断诉讼。华为起诉称，IDC公司利用参与各类国际标准制定，将其专利纳入其中，形成标准必要专利，并占据市场支配地位。华为公司请求法院判令其停止垄断行为，并索赔人民币2000万元。

深圳市中院的一审判决判定IDC公司因实施了垄断行为，判其赔偿华为公司损失人民币2000万元，但法院同时驳回了华为公司在法庭上提出IDC公司对必要专利一揽子许可构成捆绑搭售行为的诉求。

一审判决后，双方当事人均提起上诉。2013年10月28日，广东高院最终判定维持了深圳市中院的一审判决，判定IDC公司因实施了垄断行为，赔偿华为公司损失人民币2000万元。对于华为公司在法庭上提出IDC公司对必要专利一揽子许可构成捆绑搭售行为，广东高院不予认可。

据报道，广东省高院做出此判决的依据主要有：IDC对华为的4次报价均明显高于对其他公司的许可，甚至高达百倍;针对全球手机销量远不如苹果、三星等的华为公司索要高价明显缺乏正当性、合理性;为迫使华为免费许可其名下所有专利给IDC使用，反而提起知识产权调查和诉讼，强迫给予

免费交叉许可。法院确认，IDC实施了不公平的高价销售行为，构成垄断侵权行为。

对于华为公司在法庭上提出IDC公司对必要专利一揽子许可构成捆绑搭售行为，法院不予认可。合议庭认为，对全球范围内必要专利进行打包许可，这对华为公司这类跨国公司而言符合效率原则，不构成垄断行为。

2013年6月28日，美国国际贸易委员会主审法官对无线3G设备知识产权调查案做出初裁，裁定IDC所诉的7项专利中1项无效，另外6项，被告公司中兴、华为不侵权。

至此，华为在这一案件上初战告捷。华为的胜利，暗示了中国企业在国际知识产权战场上的成熟。

第三节　华为公司应诉经验总结

知识产权不仅是企业成长过程中的一把利器，也是企业价值的一个重要组成部分。由此可见，在当代经济生活、政治生活、社会生活中，知识产权对于企业的发展愈来愈重要。然而，即使已经认识知识产权对企业发展的重要性，在面对美国国际贸易委员会（USITC）对我国企业频频发起的知识产权调查诉讼，我国企业的应诉过程漫长，应诉结果也是不容乐观，应诉常常都是以失败收场。相比之下，作为全球领先的信息与通信技术（ICT）解决方案供应商，华为公司在面对美国国际贸易委员会对其发起的诉讼时，沉着稳定，积极应诉，努力化被动为主动，收获了相对圆满的结果，为我国企业应诉美国知识产权调查提供了丰富的经验。因此，我国企业应该以华为公司为榜样，认真学习华为公司的知识产权诉讼策略，以及知识产权诉讼管理，做到在面对美国国际贸易委员会频频发起的知识产权贸易调查时，能够从企业内部与外部环境出发，积极应诉，取得圆满的结果。

一、华为知识产权诉讼策略

（一）事前防御

华为公司在计划进军一个新的市场时，都会提前组织人员，投入大量的时间与精力对目标市场知识产权方面的情况做一个深入、系统性的调查。而且，华为公司作为我国的领军企业，一直都非常注重知识产权知识方面的积累以及管理，知识产权意识也比其他中小企业更加强烈。

（二）事中应诉

面对美国国际贸易委员会发起的知识产权调查，华为公司一方面保持积极乐观的心态，作战团队绝不消极负面；另一方面，华为公司积极主动应诉美国知识产权调查，而不是像其他中小企业一样选择逃避诉讼；再有，华为公司一旦决定应诉美国的知识产权调查，就会当即调动相关知识产权管理人员，或者法律顾问，选择并确定合适的应对诉讼策略，同时聘请优秀的中外律师人才去应对，或者反诉其专利技术无效，或者反诉其专利不具有可执行性等。总而言之，在面对美国知识产权调查的时候，我国企业一方面要在国外积极配合美国国际贸易委员会的调查，另一方面可以在国内对国外企业提起诉讼或者反垄断调查，抓住机会，变被动为主动，形成对企业有利的竞争条件。

（三）事后总结

华为公司一向注重知识产权知识的管理，在企业遭受知识产权调查后，公司都会高度重视，进行资料的备案管理及相应的总结反思，为日后企业的长远发展积累经验，也避免企业再次遇到美国国际贸易委员会知识产权调查或者其他机构的调查时，手足无措的状况发生。

二、华为知识产权战略管理

（一）海外研发体系

华为公司利用自身的资金、技术、资源等优势，可以非常有效地对海外的研发中心做出恰当的定位。而且，华为公司在对外交流方面的工作也做得非常到位，作为华为知识产权相关工作人员，他们可以经常性地参加丰富的研讨会、分享会等，有助于公司形成完善的知识产权研发体系。目前华为公司海外研发工作主要有两部分，一个是不关乎产品开发的前沿技术，这个主要是为了满足以后的需求；另一个是根据国内外市场需求，开发新的产品，这个称作是应用型研发。

（二）国际知识产权管理

作为我国通信行业的领军型企业，华为公司比大多数其他企业更早地认识到了知识产权是企业未来发展的一把利刃，做好知识产权相关工作是进入市场，满足消费者需求，获取利润的前提和基础。想要走向国际市场，就必须在全球范围内做好知识产权战略的合理布局与规划，同时通过薪酬绩效体系设计等激发企业员工发明专利技术的积极性，鼓励并支持员工申请国际专利。

（三）员工培养机制

相比于我国其他企业，华为公司非常注重人员管理和培养，尤其是知识产权相关部门的人员管理制度，更是完善。企业想要吸引人才、留住人才，对员工就要采取完善有吸引力的激励方案，而华为公司正是意识到了这一点。因此，华为公司一方面非常注重人才的培养，不仅会定期对公司员工进行知识产权相关知识的教育与培训，而且如果知识产权局或者专利局举办相关的专利知识普及与推广活动时，华为公司也会组织相关的工作人员，参与到活动中，加强学习，提升员工整体的知识体系和素质；另一方面，如果公司在发展过程中遇到了问题，员工对知识产权方面有疑惑和不解，华为会邀请权威、专业的机构到公司开展讲座，深入地向公司员工答疑解惑，提升公司整体水平。

（四）知识产权部门成熟

致力于知识产权成果的管理与规划，华为公司为此专门成立了十分完善的知识产权管理相关部门，主要的组成部分有技术开发部、安全管理部、流程管理处、专利、商标、保密、科技情报、合同评审、对外合作、诉讼事务等。知识产权各个部门责任明确，各司其职，主要工作有：全面制定及完善公司的知识产权管理战略，包括国内国际两方面；开发、挖掘新的专利技术，积极主动地参与到国内外知识产权成果、专利技术的申请、维护、应用，做到充分利用优秀而且有价值的资源，为企业的长远发展做贡献；对知识产权诉讼案件做合理的预警机制，积极应诉知识产权调查，让企业赢得诉讼案件更高的胜诉率。

总而言之，知识产权已经成为企业发展经营中的最为重要的因素之一。一方面，我国企业应当以华为等公司的成功经验为借鉴，坚持市场导向，优化知识产权管理的战略机制，同时面对诉讼，要积极应诉，做到在心态上保持乐观态度，诉讼之外积极寻求多种解决途径，诉讼中抓紧证据搜索，步步为营，诉讼后总结反思，调整内部策略。另一方面，国家应加强宏观调控，完善知识产权法律体系，改善知识产权发展环境。

第九章　我国跨越知识产权壁垒的预警及应对机制

随着我国综合国力不断增强，企业在国外市场竞争力不断扩大的同时，我国企业遭受的涉外知识产权纠纷也越来越多。一个显著的特点是，自中国加入世界贸易组织以来，美国越来越多地对处于信息劣势的中国企业采用知识产权调查手段，导致一方面高额的诉讼费用对被诉企业造成负担，另一方面不利的判决结果对中国企业对美出口造成较大的负面影响。

应当来说，针对知识产权侵权的诉讼本来无可厚非，但一旦滥用该措施，给一国的出口贸易造成重大的限制，则成为大家的诟病。因此，我们首先要明确的是，对于出口企业有意侵犯跨国公司或国内其他公司知识产权的行为应当严厉打击。而对于滥用知识产权调查而产生的知识产权壁垒，政府和企业应采取相关对策，尽量做到趋利避害。本章将结合前面章节的研究，从宏观、中观和微观层面提出跨越知识产权壁垒的预警及应对机制。

第一节　宏观层面

一、完善我国知识产权法律体系，加强知识产权执法

我国企业在应诉知识产权调查时，胜诉率极低，除了企业自身对知识产权的忽视，应诉费用高昂以外，也是国家相关法律法规不够完善的结果。为了鼓励推动我国企业走向国际市场，提高我国企业应诉知识产权调查的胜诉率，改变我国企业十几年来作为败诉方的形象，国家应该做到与时俱进，根据国际市场上知识产权相关规定等的变化，不断地修改完善我国知识产权相关法律，并

积极主动地开展知识产权专项执法行动。例如2017年9月至12月，全国打击侵犯知识产权和制售假冒伪劣商品工作领导小组办公室、国家知识产权局、公安部、农业部、商务部、海关总署、工商总局等十二个部门印发"外国投资企业知识产权保护行动方案"，在全国范围内集中开展打击外商投资企业知识产权违法犯罪行动，这也是近年来中国政府首次专门针对外商投资企业知识产权保护问题开展的专项行为。

二、加强宣传和培训

现阶段，我国企业普遍不了解美国的知识产权调查，应诉经验不足，甚至很多企业都不愿应诉。在这种情况下，需要我国政府组织相关部门，给企业培训知识产权调查相关知识。政府和行业协会还可以请在知识产权调查中胜诉的相关企业传授应诉经验。

另外，国家需要鼓励高校和科研院所加强知识产权调查方面的专业人才培养。这类人才的一个显著特点是复合型，即需要懂国际经济、国际政治、国内外知识产权法律等知识。显然，国内高校和科研院所在这方面的人才供给明显不足，这方面的短板急需补上。

三、政府采取措施降低企业应诉知识产权调查的成本

在知识产权调查案件中，每家应诉企业的律师代理费用约达120万~150万美元，即便是在涉及商标侵权的调查案中，律师代理费用一般为50万~100万美元。这些高昂的费用使得企业望而却步，因此，政府可以适当提供法律援助以减轻企业应诉的负担。而且，政府应当积极和美国政府沟通，向美方表达我方对USITC滥用知识产权调查的不满。在沟通效果不好的情况下，联合其他长期遭遇不公平调查的国家和地区一起向WTO的争端调解机构申诉。

四、采取相关措施鼓励国内企业自主创新，鼓励企业积极申请国际专利

第四章的分析指出，"强名义保护""弱实际保护"的知识产权制度安排虽

然可以降低本国企业的模仿成本，但有可能使本国陷入模仿创新陷阱。而模仿创新导致的后果就是生产的产品侵犯别人知识产权的概率加大，而且也会降低企业应诉知识产权调查的积极性。自主创新能力的缺乏是我国企业频遭知识产权壁垒的根本原因。有自己的自主创新实际上是对国内外同行发出的一个强烈信号：我的技术是与众不同的，侵权别人专利的可能性非常小，要是启动知识产权调查未必对你有利。因此，政府要对知识产权制度进行政策调整，通过加强知识产权实际保护提高企业的模仿成本，刺激国内企业自主创新。

五、积极制定"中国式的337条款"

长期遭遇知识产权调查的日本，在面对美国知识产权诉讼时，也形成了本国的一套处理办法。美国有国际贸易委员会，日本也不服输，同样设立了一个机构，实行"日本式的337调查"机制，为日本企业走出国门保驾护航。同样地，我国政府也可以向其学习，建立具有本土特色的"中国式337条款"。按照鲁甜（2018）的思路，我国知识产权不公平贸易制度构建的目的在于保护国内产业，理应与反倾销、反补贴等一起置于《对外贸易法》的范围内。从美国、日本和韩国知识产权不公平贸易调查制度的构建及发展来看，一方面，在制度构建时应当注重协调不公平贸易调查制度与司法保护、海关保护及国际贸易规则的关系，另一方面，还应当调整《对外贸易法》及《知识产权海关保护条例》的规定，完善知识产权不公平贸易的制度基础，在此基础上进一步细化程序规定。

第二节　中观层面

一、建立行业内的知识产权监管体系

国际贸易中，国外企业对我国企业产品发起的知识产权调查通常不是针对单一企业，而是在同个市场上拥有较大竞争力的两个或多家企业。在这样的背景下，通常一家企业的判决结果对其余企业的调查审判结果具有很大的参照性。在知识产权调查中，单个企业被判定侵犯美国的相应知识产权时，其产品进入美国市场的永久禁令，也很有可能延伸到整个行业的产品中。这意味着我国该行业全体将失去美国的巨大市场。因此，同行业的企业应以"竞争与合作共存"的模式原则建立行业内的知识产权监管体系。该体系不仅应对企业知识产权活动进行监管，而且应加强企业规范知识产权管理的行为。不同行业产品在侵权等方面有不同的认定方式，将监管体系专业化，可使相关行业知识产权的监管更为简捷有效。在面对外国企业发起的知识产权调查时，我国企业可向相关行业的监管部门寻求证据援助。该监管体系在必要时可团结应诉企业甚至整个行业共同对抗对手，以减少我国企业的相关费用支出，形成良好的行业氛围。以行业内个案转换成行业的集体对抗，将大大增强行业内应诉知识产权调查的实力。通过个案的胜诉从而保障行业产品在相应市场上的份额，并对后起的企业进入该市场具有深远的影响。建立行业内的知识产权监管体系不仅增强了行业实力，而且对于行业的个体与总体具有积极作用。

二、坚持市场导向，优化知识产权管理的战略机制

在当前的市场大背景下，硬实力固然还是占据非常重要的地位，但是软实力也已经是企业发展的中坚力量。企业应该根据目前市场的需求，进行市场化运作，同时也应该转变传统的思想，生产经营过程注重知识资源的利用；此外，随着社会经济的发展与进步，消费者偏好已经发生了改变，从前消费者可能更加注重的是物美价廉，但现在产品质量已经成为消费者选择一项产品的重要指标。综上，在行业层面，应该倡导企业坚持市场导向，优化知识产权战略，努力提升产品附加值。

三、在行业层面尊重和重视知识产权

日本行业协会非常强调企业知识产权保护的重要性，鼓励日本公司重视对

内部员工进行知识产权方面的教育，培训日本企业注重知识产权的运用。例如，日立公司对专利转让和引进谈判非常重视，每次谈判，日立公司都会由技术人员、研究人员、律师、专利代理人和知识产权本部负责专利沟通管理的业务人员组成的一个最佳的团队出席谈判会。我国的行业协会可以学习日本经验，对相关企业进行不定期知识产权培训，培养知识产权人才，形成尊重和重视知识产权的氛围。通过培训，让我国企业的高层领导充分认识到知识产权管理工作的重要性和必要性。只有知识产权管理落实到企业的具体工作之中，才能起到规范知识产权工作、实现知识产权价值、增强员工知识产权意识的作用，并极大地促进企业知识产权管理水平的提升。

四、加强知识产权人才建设

知识产权战略作为企业的主要竞争战略，人才是其发展运作的核心成分。一个行业的盛行崛起必然不能忽视人才在其中的巨大作用。人才是企业的重要资源，是其在行业竞争的有力武器。同理，政府和企业应加强知识产权方面的人才建设。知识产权人才主要从事专利信息服务、专利价值评估等与知识产权相关的工作。优秀的知识产权专业人才将有效地缩减与知识产权强国之间的竞争差距，能逐步带动国家或企业的知识产权建设的步伐。在企业应诉知识产权调查的过程中，知识产权人才应该能使企业以最低的成本解决问题并尽量维护企业利益。企业可对相关人才在划分其责任后进行进一步的培训管理，致力于在不同的环节都有相应的高层次人才。此外，企业还应着手培养综合性管理人才，加强对人才建设的监管与查验。通过人才建设，企业将在知识产权的研发、维护及管理上注入新活力，使企业在实务中应诉知识产权调查时更加从容、有效。随着知识产权战略的提出，我国现今大量缺乏精通知识产权法律法规、熟悉国际规则、具有较高知识产权专业水平和实务技能的高层次人才。相关的人才资源需求极大，加强对知识产权人才的建设应早日提上章程，大力发展。

第三节　微观层面

一、加深对知识产权的认识

知识、技术创新已成为企业经营、发展的重要手段，然而一些企业还未真正的了解知识产权的相关法律制度，还未意识到知识产权发展的重要性。企业对知识产权的认识往往是一知半解，于是在自己本可以抗争的诉讼中选择放弃。例如，专利不像版权与商标，不存在"部分侵权"。如果你的产品只包含他专利中的部分技术特征而不是全部，那就仍然不能定为侵权。所以，企业应加深对现行知识产权的了解，积极参与知识产权相关知识的解析与探讨。企业应意识到由于中国与外国的国情、发展状态并不相同，中国在建设本国的知识产权制度时，是通过借鉴国外法律制度逐步地摸索出来的，并将在未来很长一个阶段中，不断修正完善符合本国国情的知识产权体系。而在不同阶段知识产权相关项目的认定及应用有不同的定义。因此，在面对时刻细节化的知识产权体系，企业应保持警惕，及时关注国内外知识产权法律制度以及相关的国家政策变化，更新企业的认知知识，以便能够妥善镇定地应对对手发起的知识产权调查。只有正确地认识知识产权，才能在面对诉讼时保持镇定，才能在一定条件下维护自身的权益，避免本不要支付的赔偿和市场份额的损失。

二、企业内部建立并完善知识产权制度

在国际市场这个大环境下，光是依靠外部原有的法律制度是不够的，企业应结合自身发展需求与自有的资源情况合理建立并不断完善内部的知识产权制度体系。建立良好的知识产权制度，将对企业的知识产权管理和维护有积极的指导意义。知识产制度的建立有利于企业知识产权相关环节的运行，是企业实施知识产权战略的坚实基础。在体系中规范工作人员的工作责任，加强对企业

产品从研发至售卖的流程监控，保证自身知识产权不被侵犯或侵犯他人的权利。制度的建立是为企业在经营产品的过程中为企业处理知识产权相关项目进行原则指导。当企业自身的知识产权受到侵犯时，依照设定的知识产权制度体系安排专人对维权进程进行关注处理。同理，当企业在经营过程中无意侵犯了其他企业的知识产权权利时，也能从企业的知识产权制度中得到和解或赔偿的解决依据。当企业拥有运转良好、稳定的知识产权制度时，企业在应诉知识产权调查的时候，内部人员能够做到井然有序，能够迅速有效地给出一套方案。这样的模式，不仅能够减少因调查给企业日常经营带来的负面影响，同时能加强企业在应对知识产权调查时的信心与积极性。

我国企业想要达到更进一步的发展，除了学习华为等公司的知识产权战略之外，还应该对企业内部发展做出调整，尤其是制度体系方面的制订与完善。企业应该将知识产权申报成功带来的收益与企业员工个人的绩效工资相挂钩，制订合理的考核制度，只有这样才能充分激发员工的积极性，员工才会将这份工作当作是自己的事业，而不仅仅是为公司效力。要明确知识产权相关部门的具体职责所在，保证每一次工作都能落实到位，避免员工之间、部门之间的互相推诿，否则日积月累下来就会是一堆的毛病。同时，设置专门部门处理知识产权纠纷，甚至是更严重的知识产权诉讼，只有这样才不至于在企业陷入知识产权调查时，只能求助于外界的机构，正所谓靠人不如靠己，如果当问题真正发生在企业身上，能有自己的团队进行处理，当然是最好的方案。

三、建立企业内部的知识产权创新鼓励机制

企业的创新应该与时俱进，这样才能不断保持自身的竞争力。企业实力代表了其在应诉过程中的底气。只有不断地更新、研发企业的知识产权，才能增强企业的实力，才能在不断的竞争经营中壮大企业。为了保持企业的竞争活力，企业应建立知识产权创新鼓励机制。企业应鼓励从事知识产权相关事宜的研发人员、管理人员及营销人员等积极参与到知识产权创新工作中来，必要时

可通过奖金或升职等鼓励途径，促进研发人员的创新热情，加速新的知识产权的生产创造进程，从而在数量和质量上做出突破，实现企业知识产权实力上的增长。建立完善的知识产权创新鼓励机制，使每个环节都更加有活力，使企业更加蓬勃向上。企业可将工作人员的创新成果、绩效同其在企业的待遇挂钩，或建立相关知识产权创新的奖项以增强人员的热情与积极性。此外，企业还应完善相应的福利机制，促使企业人员对企业产生信任及归属感。

四、权衡利弊，积极、理性地应诉

由于知识产权调查存在一定的模糊地带，一个公司的不积极应诉，会给起诉方一个错误的信号，觉得起诉可以轻松获取相关利益，这样将产生比较严重的外部负效果，从而会导致更多的企业在未来被起诉。

一方面，企业要加强自我防范意识，积极应诉。作为出口企业，要了解国内外同行的技术现状，特别是它们拥有的知识产权情况；并分析出自己技术与别人的不同之处，为将来可能的应诉做准备。同时，企业自己要做好知识产权调查的预警工作。如果向美国市场的出口增长过快，竞争企业的销售量受到较大影响时要特别小心，以防对方启动知识产权调查。

另一方面，面对海外发起的知识产权诉讼，我国企业应该全面掌握微观环境以及宏观环境，权衡利弊，向华为、金达威等公司学习，积极、理性地应对知识产权诉讼，而不是选择逃避。一旦USITC启动知识产权调查，被诉企业要积极联合其他企业一同应诉，将官司打到底。如果出口企业打赢知识产权官司，将形成一股强大的威慑力，大大降低企业再次遭遇知识产权调查的概率。

参考文献

薄守省，2006.美国337调查程序实务[M].北京：对外经济贸易大学出版社.

曹世华，2006.国际贸易中的知识产权壁垒及其战略应对[J].财贸经济，（6）：59-61.

陈强，2014.高级计量经济学及Stata应用[M].北京：高等教育出版社.

代中强，2010.现阶段我国企业频遭知识产权壁垒的原因及对策[J].中央财经大学学报，
    （2）：70-75.

代中强，2016.知识产权调查引致的贸易壁垒：一个统计分析[J].集美大学学报（哲社版），
    （1）：30-40.

代中强，2016.不均质知识产权保护对发展中国家的影响研究：基于实际保护的视角[M].北
    京：经济科学出版社.

代中强，梁俊伟，2008.市场化认同、贸易报复与反倾销[J].国际贸易问题，（10）：120-126.

代中强，梁俊伟，王中华，2009. 内生知识产权保护与知识产权制度变迁：来自中国的经
    验[J]. 世界经济研究，（2）：53-57、86.

丁丽瑛，等，2011.应对美国"337调查"的知识产权战略研究[M]. 厦门：厦门大学出版社.

方琳瑜，宋伟，2016."一带一路"战略下企业海外知识产权风险预警与管理机制研究[J].科
    技管理研究，（8）：152-154.

冯晓青，2017.《民法总则》"知识产权条款"的评析与展望[J].法学评论（双月刊），（4）：
    12-23.

冯晓青，2017.企业知识产权战略内涵及其价值探析[J].武汉科技大学学报（社会科学版），
    （2）：209-221.

冯晓青，2013.我国企业知识产权战略现状与对策研究[J].中国政法大学学报，（4）：84-
    104、160.

冯晓青，2016.企业知识产权管理制度与激励机制建构[J].南都学坛，（5）：65-72.

冯伟业，卫平，2017.中美贸易知识产权摩擦研究——以"337调查"为例[J].中国经济问

题，（2）：118-124.

高乐咏，王孝松，2009.利益集团游说活动的本质与方式：文献综述[J].经济评论，（3）：151-158.福州：

郭春荣，2002. 略论知识产权壁垒[D]. 福州：福州大学.

黄晓风，2011.美国对华337调查的变化趋势研究[J].国际贸易问题，（3）：69-78.

蒋旦悦，2014.美国对华337调查的原因探究——基于2002-2012年数据的实证分析[J].现代商业，（24）：100-102.

江苏省知识产权局，2016.企业知识产权管理实务[M].北京：知识产权出版社.

李广军，2015.华为的专利战略及其对我国中小企业的启示与借鉴[J].中小企业管理与科技，（2）：41-42.

李坤望，王孝松，2008.申诉者政治势力与美国对华反倾销的歧视性：美国对华反倾销裁定影响因素的经验分析[J].世界经济，（6）：3-16.

李明德，2000.特别301条款与中美知识产权争端[M].北京：社会科学文献出版社.

鲁甜，2017.337调查管辖范围的最新发展及我国应对措施[J].国际商务（对外经济贸易大学学报），（2）：121-132.

鲁甜，2018.我国知识产权不公平贸易调查制度构建研究[J].国际经贸探索，（2）：99-112.

马忠法，2017.国际知识产权法律制度的演变、本质与中国应对[J].社会科学辑刊，（6）：113-118.

潘皞宇，2015.论知识产权国际化的保护模式及我国的应对策略[J].法学评论，（1）：152-159.

彭红斌，石磊，2012.美国对华入美产品的"337调查"：特点、原因与对策分析[J].求实，（6）：48-51.

冉瑞雪，黄胜，黄彩如，2014.华为与InterDigital纠纷案的启示——应对377调查的反客为主新思路[J].中国律师，（8）：40-41.

冉瑞雪，2015.337调查突围——写给中国企业的应诉指南[M].北京：知识产权出版社.

盛斌，2002.中国对外贸易政策的政治经济分析.上海人民出版社.

苏喆，秦顺华，2011.中国企业应对美国337条款的知识产权新战略——以江苏圣奥化学科技有限公司胜诉美国富莱克斯公司为例[J].国际贸易问题，（6）：159-166.

田力普，2010.中国企业海外知识产权纠纷典型案例启示录[M].北京：知识产权出版社.

郑秉秀，2002.国际贸易中的知识产权壁垒[J].国际贸易问题，（5）：26-30.

吴汉东，2012.知识产权战略实施的国际环境与中国场景——纪念中国加入世界贸易组织及《知识产权协议》10周年[J].法学，（2）：3-9.

吴汉东，2016.民法法典化运动中的知识产权法[J].中国法学，（4）：24-39.

吴汉东，2016.知识产权损害赔偿的市场价值基础与司法裁判规则[J].中外法学，（6）：1480-1494.

吴民平，2008.美国337条款法律研究[D].上海：华东政法大学.

吴郁秋，2009.与贸易相关的知识产权保护摩擦的政治经济学分析[D].武汉：华中科技大学.

吴郁秋，刘海云，2009.知识产权保护差异与贸易摩擦诱发机制——基于利益集团视角的分析[J].国际贸易问题，（5）：105-112.

向征，顾晓燕，2012.美国对华337调查的发展趋势及中国战略性新兴产业的对策研究[J].科技管理研究，（24）：144-149.

徐全红，2015.美国对华337调查的发展趋势[J].集美大学学报（哲学社会科学版），（2）：74-78、84.

徐元，2011."337调查"程序的特点及其不合理性分析[J].石家庄经济学院学报，（6）：128-132.

徐元，2014.当前我国出口遭遇专利壁垒的挑战与对策[J].国际贸易，（5）：30-35.

薛同锐，2013.美国"337调查"之特点及中国应对之策[J].亚太经济，（6）：112-116.

颜璠，2009.论我国企业知识产权纠纷动态解决模型的建构[J].科技进步与对策，（8）：88-91.

余乐芬，2011.美国"337调查"历史及中国遭遇知识产权壁垒原因分析[J].宏观经济研究，（7）：35-40、76.

于洋，2012.美国337条款实施机制研究[M].北京：法律出版社.

王敏，田泽，2014.中美337调查贸易摩擦研究[M].北京：知识产权出版社.

王敏，等，2016.知识产权贸易壁垒特征与中国的防范对策——以337调查为例[J].江苏社会科学，（1）：122-128.

王宁玲，朱韶斌，2013.应对产品出口中的知识产权陷阱—从近几年美国LED专利侵权诉讼谈起[J].进出口经理人，（9）：72-74.

王维，2007. 美国对华贸易救济的新趋势及其对策[J]. 中央财经大学学报，（11）：76-81.

王晓晔，2015.标准必要专利反垄断诉讼问题研究[J].中国法学，（6）：217-238.

王孝松，翟光宇，林发勤，2015.反倾销对中国出口的抑制效应探究[J].世界经济，（5）：36-58.

王珍愚，单晓光，许娴，2015.我国知识产权制度与知识产权文化融合问题研究[J].科学学研究，（12）：1821-1827.

张长立，高煜雄，曹惠民，2015."一带一路"背景下中国海外知识产权保护路径研究[J].科学管理研究，（5）：5-9.

张换兆，许建生，彭春燕，2014.美国对华337调查研究与应对策略[J].中国科技论坛，（9）：139-142.

张平，2010.产业利益的博弈——美国337调查[M].北京：法律出版社.

张玉敏，杨晓玲，2014.美国专利侵权诉讼中损害赔偿金计算及对我国的借鉴意义[J].法律适用，（8）：114-120.

郑秉秀，2002.国际贸易中的知识产权壁垒[J].国际贸易问题，（5）：26-30.

郑成思，2006.国际知识产权保护和我国面临的挑战[J].法制与社会发展，（6）：3-13.

郑俊果，刘梦阳，2016.论现代竞争法理念的变迁——以三百大战为例[J].竞争政策研究，（6）：92-98.

知识产权强国研究课题组，2015.对知识产权强国建设的理论思考[M].北京：知识产权，（12）：3-9.

周四清，郑巧淑，陈裕浩，2014.应诉或和解——成本收益视角下知识产权诉讼策略博弈分析[J].科技管理研究，（9）：138-143.

钟山，2012.美国337调查规则、实务与案例[M].北京：知识产权出版社.

朱国华，陈元芳，2010.美国关税法337条款与TRIIPS协议的相悖性探析[J].暨南学报（哲学社会科学版），（2）：82-89，163.

朱鹏飞，2013.美国337条款的合法性及我国的对策[J].南京社会科学，（1）：81-86.

朱鹏飞，邢敏，2011.论《美国关税法》第337条款调查的特点及我国的应对策略[J].法学杂志，（3）：132-134.

朱玉荣, 2005. 自由贸易的新障碍: 知识产权壁垒[J]. 国际经贸探索 (3): 68-71.

ABLONDI I H, VENT H H, 1981. Section 337 import investigations-unfair import practices[J]. Loyola of los angeles international and comparative law review, 4(1): 27-42.

ALLISON R G, 2009. Section 337 proceedings before the international trade commission: antiquated legislative compromise or model forum patent dispute resolution[J]. Journal of law & business, 6(1): 873-915.

ARKOLAKIS C, COSTINOT A, ANDRES RODRIGUEZ-CLARE, 2012. New trade models, same old gains[J]. Amercican economic review, 102(1): 94-130.

BALASSA B, 1965. Trade liberalization and revealed comparative advantage[J]. The manchester school of economic and social studies, 33(2): 99-124.

BLONIGEN B A, BOWN C, 2003. Anti-dumping and retaliation threats[J]. Journal of international economics, 60(2): 249-273.

CADOT O, DUTOIT L, GRETHER J M, OLARREAGA M, 2007. Endogenous traiffs in a common-agency model: a new empirical approach applied to India[J]. INSEAD woring paper.

CHEUNG Y B, 2002. Zero-inflated models for regression analysis of count study of growth and development[J]. Statistics in medicine, 21(10): 1461-1469.

FINDLAY R, WELLISZ S, 1982. Endogenous tariffs, the political economy of trade restrictions, and welfare[M]. Chicago: University of Chicago Press: 223-244.

FROST R B, 1995. Intellectual property disputes in the 1990s between the China and the United States[J]. Tulane journal of international and comparative law, 42(4): 119-135.

GROSSMAN G, HLEPMAN E, 1994. Protection for sale[J]. American economic review, 84(4): 833-850.

HAHN R W, SINGER H J, 2008. Assessing bias in patent infringement cases: a review of international trade commission decisions[J]. Harvard journal of law & technology, 21(2): 458-508.

HE H, TANG W, WANG W, CRITS-CHRISTOPH P, 2014. Structural zeroes and zero-inflated models[J]. Shanghai arch psychiatry, 26(4): 236-242.

HEAD K, MAYER T, RIES J, 2009. How remote is the offshoring threat[J]. European economic review, 53(4): 429-444.

HECKENDOM J H, VANDER SCHAAF L B, 2009. Gray market trademark infringement actions at the U.S. international trade commission: the benefits of the rorum and analysis of relevant Cases[J]. The john marshall review of intellectual property law, 8(2): 271-289.

HILBE J M, 2015. Modeling count data[M]. Cambridge: Cambridge University Press.

HILLMAN A L, 1982. Declining industries and political-support protectionist motives[J]. American economic review, 72(5): 1180-1187.

HNATH G M, 2005. General exclusion orders under section 337[J]. Northwestern journal of international law & business, 25(2): 349-370.

HNATH G M, 2010. Section 337 investigations at the US international trade commission provide a powerful remedy against misappropriation of trade secrets[J]. Intellectual property & technology law journal, 22(6): 1-7.

KANE D T, 2015. Pringting a war in three dimensions: expanding "article" to include electronic transmissions before the ITC[J]. Comm law conspectus, 23(2): 427-450.

KOPPIKAR V, 2004. Evaluating the international trade commission's section 337 investigation[J]. Journal of the patent & trademark office society, 86(2): 432-440.

KRUPKA R G, Swain P C, Levine R E, 1993. Section 337 and the GATT: the problem or the solution[J]. The American university law review, 42(3): 779-867.

GAWANDE K, BANDYOPADHYAY U, 2000. Is protection for sale? evidence on the grossman-helpman theory of endogenous protection[J]. The review of economics and statistics, 82(1): 139-152.

GINATTE J C, PARK W G, 1997. Determinants of patent rights: a cross-national study[J]. Research policy, 26(3): 283-301.

GOLDBERG P K, MAGGI G, 1997. Protection for sale: an empirical investigation[J]. american economic Review, 89(5): 1135-1155.

GROSSMAN G M, LAI E, 2004. International protection of intellectual property[J]. American economic review, 94(5): 1635-1653.

GURMU S, TRIVEDI P, 1996. Excess zeros in count models for recreational trips[J]. Journal of business and economic statistics, 14(4): 469-477.

KOPPIKAR V, 2004. Evaluating the international trade commission's section 337 Investigation[J].

Journal of the patent & trademark office society,86(2):432-440.

KRUPKA R G ,SWAIN P C, LEVINE R E.Section 337 and the GATT:the problem or the solution[J]. The American university law review,42(3):779-867.

LAMBERT D,1992.Zero-inflated poisson regression: with an application to defects in manufactur-ing[J].Technometrics,34(1):1-14.

MASKUS K E,2000.Intellectual property rights in the global economy[M]. Washington :Institute for International Economics.

MAYER W,1984.Endogenous tariff formation[J]. American economic review,74(5):970-985.

MCCALMAN P,2004.Protection for sale and trade liberalization: an empirical investigation[J]. Re-view of international economics,12(1):81-94.

MITRA D ,THOMAKOS D, ULUBASOGLU M,2002."Protection for sale" in a deleloping coun-try:democracy vs. Dictatorship[J]. The review of economics and statistics,84(3):497-508.

ROGERS J W ,WHITLOCK J P,2002.Is section 337 consistent with the GATT and the TRIPs agreement[J]. American university international law review,17(3):459-525.

POLTORAK A I, LERNER P J,2011.Essentials of intellectual:law, economics, and strategy[J]. John wiley & sons.

POYHONEN P,1963.A tentative model for the flows of trade between countries[J]. Weltwirtschaftli-ches archiv,90(1):93-100.

STEME R G ,WRIGHT J E , GORDON L A, PICKARD B L,2011.Reexamination practicewith con-current District court Litigation or section 337 USITC investigations[J].The sedona conference.

TINBERGEN J,1962.Shaping the world economy: suggestion for an international economic policy[J]. The twentieth century fund.

VERNON R,1966. International investment and international trade in the product cycle[J]. The quarterly journal of economics,80(2):190-207.

WATAL J,2010.US-China intellectual property dispute—a comment on the interpretation of the TRIPS enforcement provisions[J].Journal of world intellectual property,13(5):605-619.

WOODRIDGE J M,2003.Introductory econometrics: a modern approach[M]. California: South-Western College Publishing.